心一堂術數古籍珍本叢刊

書名：汪氏地理辨正發微　附　地理辨正真本
系列：心一堂術數古籍珍本叢刊　堪輿類　蔣徒張仲馨三元真傳系列　第二輯　175
作者：【清】蔣大鴻、姜垚原著、【清】汪云吾發微
主編、責任編輯：陳劍聰
心一堂術數古籍珍本叢刊編校小組：陳劍聰　素聞　梁松盛　鄒偉才　虛白盧主

出版：心一堂有限公司
通訊地址：香港九龍旺角彌敦道六一〇號荷李活商業中心十八樓〇五—〇六室
深港讀者服務中心・中國深圳市羅湖區立新路六號羅湖商業大廈負一層〇〇八室
電話號碼：(852)67150840
網址：publish.sunyata.cc
電郵：sunyatabook@gmail.com
網店：http://book.sunyata.cc
淘寶店地址：https://shop210782774.taobao.com
微店地址：https://weidian.com/s/1212826297
臉書：https://www.facebook.com/sunyatabook
讀者論壇：http://bbs.sunyata.cc/

版次：二零一六年十二月初版
平裝

定價：港幣　六百八十元正
人民幣　六百八十元正
新台幣　二千八百八十元正

國際書號：ISBN 978-988-8317-43-1

香港發行：香港聯合書刊物流有限公司
地址：香港新界大埔汀麗路36號中華商務印刷大厦3樓
電話號碼：(852)2150-2100
傳真號碼：(852)2407-3062
電郵：info@suplogistics.com.hk

台灣發行：秀威資訊科技股份有限公司
地址：台灣台北市內湖區瑞光路七十六巷六十五號一樓
電話號碼：+886-2-2796-3638
傳真號碼：+886-2-2796-1377
網絡書店：www.bodbooks.com.tw
台灣國家書店讀者服務中心：
地址：台灣台北市中山區松江路二〇九號一樓
電話號碼：+886-2-2518-0207
傳真號碼：+886-2-2518-0778
網絡書店：http://www.govbooks.com.tw

中國大陸發行　零售：深圳心一堂文化傳播有限公司
深圳地址：深圳市羅湖區立新路六號羅湖商業大厦負一層〇〇八室
電話號碼：(86)0755-82224934

心一堂微店二維碼

心一堂淘寶店二維碼

心一堂術數古籍 珍本 整理 叢刊 總序

術數定義

術數，大概可謂以「推算（推演）、預測人（個人、群體、國家等）、事、物、自然現象、時間、空間方位等規律及氣數，並或通過種種『方術』，從而達致趨吉避凶或某種特定目的」之知識體系和方法。

術數類別

我國術數的內容類別，歷代不盡相同，例如《漢書・藝文志》中載，漢代術數有六類：天文、曆譜、五行、蓍龜、雜占、形法。至清代《四庫全書》，術數類則有：數學、占候、相宅相墓、占卜、命書、相書、陰陽五行、雜技術等，其他如《後漢書・方術部》、《藝文類聚・方術部》、《太平御覽・方術部》等，對於術數的分類，皆有差異。古代多把天文、曆譜、及部分數學均歸入術數類，而民間流行亦視傳統醫學作為術數的一環；此外，有些術數與宗教中的方術亦往往難以分開。現代民間則常將各種術數歸納為五大類別：命、卜、相、醫、山，通稱「五術」。

本叢刊在《四庫全書》的分類基礎上，將術數分為九大類別：占筮、星命、相術、堪輿、選擇、三式、讖諱、理數（陰陽五行）、雜術（其他）。而未收天文、曆譜、算術、宗教方術、醫學。

術數思想與發展——從術到學，乃至合道

我國術數是由上古的占星、卜筮、形法等術發展下來的。其中卜筮之術，是歷經夏商周三代而通過「龜卜、蓍筮」得出卜（筮）辭的一種預測（吉凶成敗）術，之後歸納並結集成書，此即現傳之《易

經》。經過春秋戰國至秦漢之際，受到當時諸子百家的影響、儒家的推崇，遂有《易傳》等的出現，原本是卜筮術書的《易經》，被提升及解讀成有包涵「天地之道（理）」之學。因此，《易・繫辭傳》曰：「易與天地準，故能彌綸天地之道。」

漢代以後，易學中的陰陽學說，與五行、九宮、干支、氣運、災變、律曆、卦氣、讖緯、天人感應說等相結合，形成易學中象數系統。而其他原與《易經》本來沒有關係的術數，如占星、形法、選擇，亦漸漸以易理（象數學說）為依歸。《四庫全書・易類小序》云：「術數之興，多在秦漢以後。要其旨，不出乎陰陽五行，生尅制化。實皆《易》之支派，傳以雜說耳。」至此，術數可謂已由「術」發展成「學」。

及至宋代，術數理論與理學中的河圖洛書、太極圖、邵雍先天之學及皇極經世等學說給合，通過術數以演繹理學中「天地中有一太極，萬物中各有一太極」（《朱子語類》）的思想。術數理論不單已發展至十分成熟，而且也從其學理中衍生一些新的方法或理論，如《梅花易數》、《河洛理數》等。

在傳統上，術數功能往往不止於僅僅作為趨吉避凶的方術，及「能彌綸天地之道」的學問，亦有其「修心養性」的功能，「與道合一」（修道）的內涵。《素問・上古天真論》：「上古之人，其知道者，法於陰陽，和於術數。」數之意義，不單是外在的算數、歷數、氣數，而是與理學中同等的「道」、「理」--心性的功能，北宋理氣家邵雍對此多有發揮：「聖人之心，是亦數也」、「萬化萬事生乎心」、「心為太極」。《觀物外篇》：「先天之學，心法也。……蓋天地萬物之理，盡在其中矣，心一而不分，則能應萬物。」反過來說，宋代的術數理論，受到當時理學、佛道及宋易影響，認為心性本質上是等同天地之太極。天地萬物氣數規律，能通過內觀自心而有所感知，即是內心也已具備有術數的推演及預測、感知能力；相傳是邵雍所創之《梅花易數》，便是在這樣的背景下誕生。

《易・文言傳》已有「積善之家，必有餘慶；積不善之家，必有餘殃」之說，至漢代流行的災變說及讖緯說，我國數千年來都認為天災，異常天象（自然現象），皆與一國或一地的施政者失德有關；下至家族、個人之盛衰，也都與一族一人之德行修養有關。因此，我國術數中除了吉凶盛衰理數之外，人心的德行修養，也是趨吉避凶的一個關鍵因素。

術數與宗教、修道

在這種思想之下，我國術數不單只是附屬於巫術或宗教行為的方術，又往往是一種宗教的修煉手段--通過術數，以知陰陽，乃至合陰陽（道）。「其知道者，法於陰陽，和於術數。」例如，「奇門遁甲」術中，即分為「術奇門」與「法奇門」兩大類。「法奇門」中有大量道教中符籙、手印、存想、內煉的內容，是道教內丹外法的一種重要外法修煉體系。甚至在雷法一系的修煉上，亦大量應用了術數內容。此外，相術、堪輿術中也有修煉望氣（氣的形狀、顏色）的方法；堪輿家除了選擇陰陽宅之吉凶外，也有道教中選擇適合修道環境（法、財、侶、地中的地）的方法，以至通過堪輿術觀察天地山川陰陽之氣，亦成為領悟陰陽金丹大道的一途。

易學體系以外的術數與的少數民族的術數

我國術數中，也有不用或不全用易理作為其理論依據的，如揚雄的《太玄》、司馬光的《潛虛》。也有一些占卜法、雜術不屬於《易經》系統，不過對後世影響較少而已。

外來宗教及少數民族中也有不少雖受漢文化影響（如陰陽、五行、二十八宿等學說。）但仍自成系統的術數，如古代的西夏、突厥、吐魯番等占卜及星占術，藏族中有多種藏傳佛教占卜術、苯教占卜術、擇吉術、推命術、相術等；北方少數民族有薩滿教占卜術；不少少數民族如水族、白族、布朗族、佤族、彝族、苗族等，皆有占雞（卦）草卜、雞蛋卜等術，納西族的占星術、占卜術，彝族畢摩的推命術、占卜術……等等，都是屬於《易經》體系以外的術數。相對上，外國傳入的術數以及其理論，對我國術數影響更大。

曆法、推步術與外來術數的影響

我國的術數與曆法的關係非常緊密。早期的術數中，很多是利用星宿或星宿組合的位置（如某星在某州或某宮某度）付予某種吉凶意義，并據之以推演，例如歲星（木星）、月將（某月太陽所躔之宮次）等。不過，由於不同的古代曆法推步的誤差及歲差的問題，若干年後，其術數所用之星辰的位置，已與真實星辰的位置不一樣了；此如歲星（木星），早期的曆法及術數以十二年為一周期（以應地支），與木星真實周期十一點八六年，每幾十年便錯一宮。後來術家又設一「太歲」的假想星體來解決，是歲星運行的相反，週期亦剛好是十二年。而術數中的神煞，很多即是根據太歲的位置而定。又如六壬術中的「月將」，原是立春節氣後太陽躔娵訾之次而稱作「登明亥將」，至宋代，因歲差的關係，要到雨水節氣後太陽才躔娵訾之次，當時沈括提出了修正，但明清時六壬術中「月將」仍然沿用宋代沈括修正的起法沒有再修正。

由於以真實星象周期的推步術是非常繁複，而且古代星象推步術本身亦有不少誤差，大多數術數除依曆書保留了太陽（節氣）、太陰（月相）的簡單宮次計算外，漸漸形成根據干支、日月等的各自起例，以起出其他具有不同含義的眾多假想星象及神煞系統。唐宋以後，我國絕大部分術數都主要沿用這一系統，也出現了不少完全脫離真實星象的術數，如《子平術》、《紫微斗數》、《鐵版神數》等。後來就連一些利用真實星辰位置的術數，如《七政四餘術》及選擇法中的《天星選擇》，也已與假想星象及神煞混合而使用了。

隨着古代外國曆（推步）、術數的傳入，如唐代傳入的印度曆法及術數，元代傳入的回回曆等，其中我國占星術便吸收了印度占星術中羅睺星、計都星等而形成四餘星，又通過阿拉伯占星術而吸收了其中來自希臘、巴比倫占星術的黃道十二宮、四大（四元素）學說（地、水、火、風），並與我國傳統的二十八宿、五行說、神煞系統並存而形成《七政四餘術》。此外，一些術數中的北斗星名，不用我國傳統的星名：天樞、天璇、天璣、天權、玉衡、開陽、搖光，而是使用來自印度梵文所譯的：貪狼、巨門、祿存、文曲，廉貞、武曲、破軍等，此明顯是受到唐代從印度傳入的曆法及占星術所影響。如星命術中的《紫微斗數》及堪輿術中的《撼龍經》等文獻中，其星皆用印度譯名。及至清初《時憲曆》，置閏之法則改用西法「定氣」。清代以後的術數，又作過不少的調整。

此外，我國相術中的面相術、手相術，唐宋之際受印度相術影響頗大，至民國初年，又通過翻譯歐西、日本的相術書籍而大量吸收歐西相術的內容，形成了現代我國坊間流行的新式相術。

陰陽學——術數在古代、官方管理及外國的影響

術數在古代社會中一直扮演着一個非常重要的角色，影響層面不單只是某一階層、某一職業、某一年齡的人，而是上自帝王，下至普通百姓，從出生到死亡，不論是生活上的小事如洗髮、出行等，大事如建房、入伙、出兵等，從個人、家族以至國家，從天文、氣象、地理到人事、軍事，從民俗、學術到宗教，都離不開術數的應用。我國最晚在唐代開始，已把以上術數之學，稱作陰陽（學），行術數者稱陰陽人。（敦煌文書、斯四三二七唐《師師漫語話》：「以下說陰陽人謾語話」，此說法後來傳入日本，今日本人稱行術數者為「陰陽師」）。一直到了清末，欽天監中負責陰陽術數的官員中，以及民間術數之士，仍名陰陽生。

古代政府的中欽天監（司天監），除了負責天文、曆法、輿地之外，亦精通其他如星占、選擇、堪輿等術數，除在皇室人員及朝庭中應用外，也定期頒行日書、修定術數，使民間對於天文、日曆用事吉凶及使用其他術數時，有所依從。

我國古代政府對官方及民間陰陽學及陰陽官員，從其內容、人員的選拔、培訓、認證、考核、律法監管等，都有制度。至明清兩代，其制度更為完善、嚴格。

宋代官學之中，課程中已有陰陽學及其考試的內容。（宋徽宗崇寧三年〔一一零四年〕崇寧算學令：「諸學生習……並曆算、三式、天文書。」「諸試……三式即射覆及預占三日陰陽風雨。天文即預

定一月或一季分野災祥，並以依經備草合問為通。」

金代司天臺，從民間「草澤人」（即民間習術數人士）考試選拔：「其試之制，以《宣明曆》試推步，及《婚書》、《地理新書》試合婚、安葬，並《易》筮法，六壬課、三命、五星之術。」（《金史》卷五十一・志第三十二・選舉一）

元代為進一步加強官方陰陽學對民間的影響、管理、控制及培育，除沿襲宋代、金代在司天監掌管陰陽學及中央的官學陰陽學課程之外，更在地方上增設陰陽學課程（《元史・選舉志一》：「世祖至元二十八年夏六月始置諸路陰陽學。」）地方上也設陰陽學教授員，培育及管轄地方陰陽人。（《元史・選舉志一》：「（元仁宗）延祐初，令陰陽人依儒醫例，於路、府、州設教授員，凡陰陽人皆管轄之，而上屬於太史焉。」）自此，民間的陰陽術士（陰陽人），被納入官方的管轄之下。

至明清兩代，陰陽學制度更為完善。中央欽天監掌管陰陽學，明代地方縣設陰陽學正術，各州設陰陽學典術，各縣設陰陽學訓術。陰陽人從地方陰陽學肆業或被選拔出來後，再送到欽天監考試。（《大明會典》卷二二三：「凡天下府州縣舉到陰陽人堪任正術等官者，俱從吏部送（欽天監），考中，送回選用；不中者發回原籍為民，原保官吏治罪。」）清代大致沿用明制，凡陰陽術數之流，悉歸中央欽天監及地方陰陽官員管理、培訓、認證。至今尚有「紹興府陰陽印」、「東光縣陰陽學記」等明代銅印，及某某縣某某之清代陰陽執照等傳世。

清代欽天監漏刻科對官員要求甚為嚴格。《大清會典》「國子監」規定：「凡算學之教，設肄業生。滿洲十有二人，蒙古、漢軍各六人，於各旗官學內考取。漢十有二人，於舉人、貢監生童內考取。附學生二十四人，由欽天監選送。教以天文演算法諸書，五年學業有成，舉人引見以欽天監博士用，貢監生童以天文生補用。」學生在官學肄業、貢監生肄業或考得舉人後，經過了五年對天文、算法、陰陽學的學習，其中精通陰陽術數者，會送往漏刻科。而在欽天監供職的官員，《大清會典則例》「欽天監」規定：「本監官生三年考核一次，術業精通者，保題升用。不及者，停其升轉，再加學習。如能黽勉供職，即予開復。仍不及者，降職一等，再令學習三年，能習熟者，准予開復，仍不能者，黜退。」除定期考核以定其升用降職外，《大清律例》中對陰陽術士不準確的推斷（妄言禍福）是要治罪的。《大清律例・一七八・術七・妄言禍福》：「凡陰陽術士，不許於大小文武官員之家妄言禍福，違者杖一百。其依經推算星命卜課，不在禁限。」大小文武官員延請的陰陽術士，自然是以欽天監漏刻科官員或地方陰陽官員為主。

官方陰陽學制度也影響鄰國如朝鮮、日本、越南等地，一直到了民國時期，鄰國仍然沿用着我國的多種術數。而我國的漢族術數，在古代甚至影響遍及西夏、突厥、吐蕃、阿拉伯、印度、東南亞諸國。

術數研究

術數在我國古代社會雖然影響深遠，「是傳統中國理念中的一門科學，從傳統的陰陽、五行、九宮、八卦、河圖、洛書等觀念作大自然的研究。……傳統中國的天文學、數學、煉丹術等，要到上世紀中葉始受世界學者肯定。可是，術數還未受到應得的注意。術數在傳統中國科技史、思想史，文化史、社會史，甚至軍事史都有一定的影響。……更進一步了解術數，我們將更能了解中國歷史的全貌。」（何丙郁《術數、天文與醫學中國科技史的新視野》，香港城市大學中國文化中心。）

可是術數至今一直不受正統學界所重視，加上術家藏秘自珍，又揚言天機不可洩漏，「（術數）乃吾國科學與哲學融貫而成一種學說，數千年來傳衍嬗變，或隱或現，全賴一二有心人為之繼續維繫，賴以不絕，其中確有學術上研究之價值，非徒癡人說夢，荒誕不經之謂也。其所以至今不能在科學中成立一種地位者，實有數因。蓋古代士大夫階級目醫卜星相為九流之學，多恥道之；而發明諸大師又故為惝恍迷離之辭，以待後人探索；間有一二賢者有所發明，亦秘莫如深，既恐洩天地之秘，復恐譏為旁門左道，始終不肯公開研究，成立一有系統說明之書籍，貽之後世。故居今日而欲研究此種學術，實一極困難之事。」（民國徐樂吾《子平真詮評註》，方重審序）

現存的術數古籍，除極少數是唐、宋、元的版本外，絕大多數是明、清兩代的版本。其內容也主要是明、清兩代流行的術數，唐宋或以前的術數及其書籍，大部分均已失傳，只能從史料記載、出土文獻、敦煌遺書中稍窺一鱗半爪。

術數版本

坊間術數古籍版本，大多是晚清書坊之翻刻本及民國書賈之重排本，其中豕亥魚魯，或任意增刪，往往文意全非，以至不能卒讀。現今不論是術數愛好者，還是民俗、史學、社會、文化、版本等學術研究者，要想得一常見術數書籍的善本、原版，已經非常困難，更遑論如稿本、鈔本、孤本等珍稀版本。在文獻不足及缺乏善本的情況下，要想對術數的源流、理法、及其影響，作全面深入的研究，幾不可能。

有見及此，本叢刊編校小組經多年努力及多方協助，在海內外搜羅了二十世紀六十年代以前漢文為主的術數類善本、珍本、鈔本、孤本、稿本、批校本等數百種，精選出其中最佳版本，分別輯入兩個系列：

一、心一堂術數古籍珍本叢刊

二、心一堂術數古籍整理叢刊

前者以最新數碼（數位）技術清理、修復珍本原本的版面，更正明顯的錯訛，部分善本更以原色彩色精印，務求更勝原本。并以每百多種珍本、一百二十冊為一輯，分輯出版，以饗讀者。

後者延請、稿約有關專家、學者，以善本、珍本等作底本，參以其他版本，古籍進行審定、校勘、注釋，務求打造一最善版本，方便現代人閱讀、理解、研究等之用。

限於編校小組的水平，版本選擇及考證、文字修正、提要內容等方面，恐有疏漏及舛誤之處，懇請方家不吝指正。

心一堂術數古籍 珍本／整理 叢刊編校小組

二零零九年七月序

二零一四年九月第三次修訂

照堂地理傳家秘書自序

易之為書。鉅細悉備。體用俱周。無極而太極。太極生陰陽。陰陽生五行。五行生萬物。人禀天地陰陽五行之氣。以生。其吉凶悔吝。豈能出乎其外哉。夫太極理也。陰陽五行氣也。萬物形象也。理。氣之體也。氣。理之用也。形象。氣之迹也。理不可見。見之氣。氣亦不可見。見之形象。此一氣也。在天成象。在地成形。仰觀於上。

日月星辰皆象也。俯察於下。山原水土皆形也。故曰天有五星。地有五行。天星地行。上下相因。古之至人。因象以辨方。因方以定位。因位以相形。因形以審氣。因氣以明理。探鬼神之機。操禍福之柄。察識山川以立人極。地理。之原。本於。易也。予少耽地理。世世所梓行之書。靡不搜之羅之縱覽之。衆說紛紛。了無定義。乃專於三合淨陰淨陽之說。謂楊曾以來。師師相授之道如是。及考之今古成迹。卒多不驗。心竊疑之。而究不知其所以。歲在癸亥。靖江臥雲羊君來遊吾郡。與之言。其義與予頗異。及與論斷舊蹟。無不奇中。叩其所傳。則出吾郡蔣大鴻先生。蔣氏之傳。世謂非楊曾正派。故於其書未嘗少留意。茲與羊君言論。其溯源河洛。至易至簡。殆得易之真解。因取蔣氏天元歌歸厚錄讀之。大有省悟。始知地學之正宗在是。而予三十年來攻若。徒為俗術所誤。欲與羊君辨難晰疑。而羊君吝不少洩。予遂不復請。自取蔣氏辨正讀之。我友云吾汪子好學深思之士也。亦盡知從前之謬。反覆紬繹於辨正之中。遂得盡通其義。著有辨正發微。予嘗與之究論天人。窮源竟委。且窮搜蔣氏遺書。無片紙遺漏。雖未能致乎其極。而已窺全豹。乃知淨陰。淨陽。三合之說。皆楊曾之隱語。借以匿其秘旨者。後人。誤。以。為。秘。旨。故。訛。以。傳。訛。至。此。耳。今夫獨。陽。不。生。獨。陰。不。生。言。地。理。而。不。言。天。陽。其。能。免。獨。陰。之。病。乎。天。為。陽。地。為。陰。山。水。皆。地。則。皆。陰。也。陰。之。所。在。陽。必。求。之。彼。施。此。受。彼。倡。此。隨。此。萬。物。之。所。以。生。生。不。已。鬼。福。之。所。以。及。人。也。言。乎。淨。陰。淨。陽。則。顯。失。交。媾。之。義。三。合。則。雖。知。交。媾。然。其。交。媾。也。不。以。氣。而。以。方。與。刻。舟。求。劍。者。亦。復。何。異。且。楊。曾。以。前。有。郭。氏。水。龍。經。

其文亦借天星以隱其秘而按其圖皆立穴於止水實不出外氣行形內氣止生形止氣蓄萬物化生之義由此而推楊曾之一宗郭氏蔣氏之一宗楊曾概可見矣予既得真傳正義歷覽古今成迹其成敗興廢若合符契始嘆天地間自有理氣真旨人自不得其傳耳伏羲之卦對待之體也文王之卦流行之用也無體不立無用不行羲卦未始無用於方位之對

待者分陰分陽而於其流行見互根之妙文卦未始無體即於方位見互根之妙而於流行之合同而化著對待之機蔣公徹羲文之妙理窮河雒之淵源故其書歸源於氣化蓋陰陽無時不升降天地無時不交媾天地人物本一氣以流通故地有吉氣足以感召天氣天有吉氣足以觸發地氣天地之氣必假人物而旺人物之旺必得氣運而興其氣運之轉輪即

剥復相循否泰相因之理雖其来無踪其去無迹而明者為能知其一定而不可易蔣氏之書無一語不本諸河洛即無一語不本諸羲文實吾儒盡性窮理之學非今昔形家者流穿鑿傅會者所能望其涯涘也予生也晚未得親受業於蔣氏今日之得出迷津微知要妙實頼蔣氏之遺編藉非蔣公在天之靈寔式憑之豈獲覩此竊深懼遭逢之大幸有干造物之

忌。何敢貪天之功以為己加。第我聞道而年已衰。我親一日不能遷吉壤。我憾一日不能釋諸懷。恐旦暮死而抱憾以終。故手輯此編以示後人。蓋欲其求是道以護本根。非欲其挾斯術以求衣食。其中山龍。水龍。陰陽二宅輿樞。暨天星尅擇心法。無不悉備。皆天宮之秘寶。人世之金丹。神而明之。造化在手。惟願世藏金匱。代秘玉函。授書務必授義。傳心務必傳神。死

家秘本

者得乘天地之正氣。生者定産天地之正人。垂之無窮。傳之不朽。庶予畢世之講求不辜。而上蒼啟牖之洪慈無負。倘或褻玩靈文。浪洩匪類。既違訓誡。必犯天殃。戒之慎之。是為序。

旹

乾隆十年歲次乙丑月逢上巳申江後學後覺子

劉仁樂山氏自題於藜照堂之會心處

劉仁樂印　後覺

地理辨正序

通三才之道曰儒故天官地理皆學士家窮理之本業而象緯之學正三統測災祥屬有國家者之事獨地理為養生送死生民日用所急孝子慈孫尤不可以不謹宋儒朱蔡諸賢間有發明見於性理書中者班班可考顧僅能敷陳梗槩而未究其精微或者進而求之通都所布管郭諸書雖其言鑿鑿而去之逾遠斯其為道顯而隱誠所謂間世一出非人不傳者耶余少失恃壯失怙先大父安溪公早以形家之書孜孜手授久而後知俗學之非也思窮經絕迴得無極子之傳於遊方之外習其所

傳又十年所於是遠溯黃石青烏近考青田幕講彼其言蓋人人殊而厥旨一且視天下山川土壤雖大荒內外亦如一也其廢乎地學之正宗在是輒欲舉其說以告學者又不容顯言無已而取當世相傳之書訂其紕繆而晰其是非使言之者無罪而聞之者有所懲戒而不至於亂辨正之書所以作也夫地學之有書始於黃石盛於楊曾而世所惑溺而不可卒解者則莫甚於玉尺故論斷諸書彙為一編其俎豆之與爰書皆以云救也予姜諸子問業日久經史之暇旁及此編豈好事哉我得此道以釋憾於我親從我遊者皆有親也姜氏習是編而遽梓之

以公世。其又為天下後世之有親者加之意歟。允哉儒者之用心也已。

歲在辛酉杜陵中陽子蔣平階大鴻氏自記

家秘本

辨偽文

僕弱冠失恃。先大父安溪公命習地理之學。求之十年而始得其傳。乃以所傳徧證之大江南北古今名墓。又十年而始會其旨。從此益精求之。又十年而始窮其變。而我年則已老矣。姚水親隴告成。生平學地之志已畢。自此不復措意。夫豈不欲傳之其人。然天律有禁。不得妄傳。苟非忠信廉潔之人。未許與聞一二也。丹陽張孝廉仲馨。丹徒駱孝廉士鵬。山陰呂文學相烈。會稽姜公子垚。武陵胡公子泰徵。淄川畢解元世持。昔以文章行業相師。因得畧聞梗概。此諸君子。或丹穴鳳雛。或青春鸑鷟。皆自置甚高。不可一世。蓋求其道。以庇本根。非挾其術。以為壟斷故。能三緘其口。不漏片言。庶幾不負僕之講求爾。若夫中人以下。走四方求衣食者。僕初未嘗不憐之。然欲冒禁而傳真道。則未敢許也。至於僕之得傳。有訣無書。以此事貴在心傳。非可言罄。古書充棟。半屬偽造。故有辨正一書。昌言救世。後復自言所得作天元五歌。然皆蒙莊所謂糟粕。必求其精微。則亦不在此也。此外別無秘本。私為一家之書。近聞三吳兩浙。都有自稱得僕真傳以自衒鬻者。亦有自撰偽書。指為僕之秘本。以瞽惑後學者。天地之大。何所不容。但恐偽托之人心術鮮正。以不正之

術誤人身家必誤人之身家以不正之書傳之後世必貽禍於後世僕不忍不辨惟有識者察之

辛酉仲冬杜陵蔣平階大鴻氏敬告

家秘本

地理辨正發微小引

理無方數有定數亦本於理而非理之敵故惟有驗有不驗斯足以見數學之正與詭異妖誕不同然堯湯水旱亦幾為理之所無如何知其為數而修省之念弛趨避之術勝紛紛擾擾大道以乖故聖賢於此往往諱言之余知蔣公得數學之正特為闡發書成不敢謂有得而無失也然亦謂寧秘而無洩也陰陽之經不可失陰陽之忌尤不可干是書苟有一失則禍人非輕苟無一失則自禍不小以蔣公之賢而不克蔭其後人其亦以遍洩之故乎吁可畏也已

旨

乾隆九年歲次甲子三月下浣云吾子汪宜耀士雲氏自記

家秘本

汪氏發微序

地理之學。始於黃石。盛於楊曾。而楊曾際忌諱之朝。不敢明目張膽以顯告天下。故其書率多微詞隱語。後之傳習者不能識其本旨。妄為臆解。本旨既失。一謬百訛。偽書錯出。愈久愈差。迨中陽傑出。親承無極眞傳。乃成辨正一書。昌言救世。以其師傳有漏洩天機之禁。故其言猶引而不發。後著天元歌歸厚錄諸書。授之其徒呂姜王沈輩。地理本眞。於焉斯顯。又以書無刊本。故不出其門墻者。亦不得而知。我友云吾汪子。以文壇之宿將。搜地學之根源。遘得蔣氏遺書。不禁忘飡廢寢。殫精研窮。抉眞。

藜照堂傳

諦於世遠年湮之後發玄機於邪說充塞之時其闡前啟後之功一何偉哉夫楊曾而後不乏名流然求其能息邪詎詖如孔子作春秋而亂臣賊子不敢肆者則未易一二覯也故承黃石楊曾之統者獨數中陽中陽而後舍汪子其誰昔九方皋相馬天下無雙也其子以其術求於天下經年不得既而得之駑馬也其孫亦以其術求之出門見巨蟇逆歸謂其祖曰得一馬畧與相法同四其足而雙其目但蹄不如累趨耳九方皋往視之大笑曰此蟇也汝則誤矣嗚呼驥失而駑馬失而蟆學之愈差也一至此乎地學之失亦猶是也世有汪子失者宜乎鮮矣

乙丑冬至節後覺子樂山識

劉樂山

後覺

家秘本

誓章

奉道弟子㐅㐅 剖心瀝血敬對

天地三光拜求

祖師無極真君

净明真君

純陽真君

景純真君

希夷真君

青烏公

黃石公

玄壇趙真君

三元帥 名糾

楊救貧先生

曾公安先生

廖金精先生

賴布衣先生

謝黃斗先生

劉文成先生

家秘本

幕講無着禪師

蔣大鴻先生

右各位

祖師座下。懇傳山龍水龍陰陽二宅。擇吉真訣。救世濟人。闡前

啟後。如有不奉

禁例。禍及一身。殃流九世。生遭夭橫。死拷酆都。恭行昭告。仰

惟

神祇証盟。

計開

一受書人必請羽士大醮表聞
上帝。洗心歸真。
一受書人必謹守四德。嚴四戒。
一受書人必平日言語行事。並不干犯聖賢條例。萬勿輕示匪人。以取天刑。
一開讀經訣。必須盥沐焚香而後開卷。否則褻慢靈文。致干天咎。
一學成後。已雖貧賤。不得以陰陽秘旨為衣食之資。人雖富貴。不得以王侯大地。輕許敗德之人。

一遇匪人。不可妄傳一字。輕示陰陽吉地。

一遇厚德之人。欲為造福。必須再三叮嚀。毋以公道為輕。

一遇已葬之地。不可任意圖謀改扦。

一遇寇仇之家。不得破其陰陽二宅。亦不得受人囑托。致

利已損人。天怒人怨。

一遇向道之人。至心誠求。毋以束脩不具而却之。

一凡指地必以真實。不得以假地誆人。苟貪財利。

一是書必須緊閉。不得與人盜寫偷錄。致遭雷火。

乾隆九年歲次甲子孟秋望後海邑後覺子抄錄

青囊經序

青囊經者。不知出於何代。相傳晉郭璞唐邱延翰皆得其書。因而洞徹陰陽之秘。唐楊筠松地理正宗。亦有青囊奧語一篇。流傳於世。蓋檃括其文以教後之學者。則是書之為前賢所尚。非一日矣。然考晉書郭景純本傳所載青囊中書。其門人趙載竊之。未及讀而為火所焚。其書蓋九卷。皆五行天文卜筮之術。豈其中有三卷屬相地之書。如今所傳耶。乃云其書為黃石公所授。赤松子述義。予竊疑之。考張留侯所得圯上老人素書三卷。乃太公兵法。不云相地書。雖用兵之道。神機鬼緘。非兼通乎陰陽星數不足以盡變然是經三卷從無一言及用兵則非素書可知矣其文質直近古似非後代淺識所能偽造獨末篇無極而太極理圓於氣兩言頗類宋儒必云秦漢間人所作我未敢信然究厥指歸其於地理之道廣大悉備窮本達源而不參以龐雜之說將無後之深知此術者果得圯上之遺緒乃推厥所原而為此書耶我謂今之學者取其說之甚正而已若書為何人所作可無深辨予以原註辭都摭拾不足以發作者之底蘊故獨抽鄙見而為之傳焉雖未敢遠質子房竊自許夢見楊郭有志地學者試舉是書而深求之真有見乎陰陽二氣流行止

息之妙用則此書三卷將囊括地理而有餘諸家述作舉可廢

爾杜陵蔣平階大鴻氏撰

藜照堂傳

家秘本

黃石青囊經發微

龍江云吾子汪宜耀士雲氏著

蔣註云先天之卦以陰陽之對待者言有彼此而無分陽後天之卦以陰陽之流行者言則有分陽矣至其作卦之命要在於陰陽之互根則一也按先天巽兌離從乾震坎艮從坤後天乾坎艮震居陽位巽離坤兌居陰位所謂陰陽互根也

陽倡陰隨天一則地二矣天三則地四矣一二三四五數始于天則六七八九十數始于地矣一六共宗二七同道五即所以明天地之數相為配合非便指五行而言然天地之一六不必主水而水之生成宗由于一六天地之二七不必主火而火之生成宗由于二七蓋一二三四五六七八九十乃天地自然之數水火木金土乃天地之數自然之生成也五兆生成流行終始此河圖之所自來有是斯有數既生既成則有質矣八體即具有也不相射猶言不相忌天

黃石青囊經

杜陵中陽子蔣平階大鴻氏傳
會稽門人姜垚汝皐氏較

上卷

經曰天尊地卑陽奇陰耦一六共宗二七同道三八為朋四九為友五十同途闔闢奇耦五兆生成流行終始八體宏布子母分施天地定位山澤通氣雷風相薄水火不相射中五立極臨制四方背一面九三

地定位四卦此伏羲先天八卦之所自來伏羲畫八卦以象天地山澤雷風水火即循乾一兑二之數右行左轉以位置之所以明天下之物無往非一陰一陽對待之象也河圖及先天八卦皆知其方隅至洛書中五立極臨制四方聯布方隅矣中五為天數而所生者土是應乎地也對待之十為地數而合于中五則為剛是從乎天也陽以相陰以含陽即此可窺陽生于陰柔生于剛言陽本陰而相乎陰也陰德宏濟陽德順昌言陰含陽而育乎陽也註言河圖洛書非有二數何也其中五即其一六二七三八四九之相依以同非謂二七為火四九為金即也洛書之數與文王後天八卦自然配合而後天八卦宗主乎地之八方而不主乎書之九宮文王知三才之義止于三爻三爻之象不過八卦而方亦有八故即取伏羲所畫之卦以配之東西南北中之為金木水火土自文王以前固已窺河圖而知之矣文王以坎離即水火而南北二極居天地之正中坎離二卦得卦然之正中于是位離于南位坎于北蔣公所謂坎離代

七居旁二八四六縱橫紀綱陽以相陰陰以含陽陽生於陰柔成於剛陰德弘濟陽德順昌是故陽本陰陰育陽天依形地附氣此之謂化始

傳曰此篇以無形之氣為天地之始而推原道之所從來也夫陽氣屬天而實兆於地之中聖人作易以明天地之道皆言陰陽之至為其根都而已天高而尊地下而卑然尊者有下濟之德卑者

有上行之義。一陰一陽。一奇一耦。其數參伍。所以齊一。其形對待。所以御來。天地之匡廓由此而成。四時之代謝由此而運。萬物之化育由此而胎。夫此陰陽奇耦之道。隨舉一物。無不有之。天地無心。聖人無意。自然流露。而顯其象於河圖。遂有一六共宗。二七同道。三八為朋。四九為友。五十同途之象。聖人因其象而求其義。以奇者屬陽而有天一天三

也。乾坤之妙用是也。震何以屬木而位于東。兌何以屬金而位于西者。蓋陽少則稀。陰長則稠。皆非化育不窮之道。長男主生。少女主成。所以為坎離之夫婦也。離代乾。故坤居離之後。坎代坤。故乾居坎之先。艮既輔震。兌復代坤。乃少男少女相為夫婦之道。合而觀之。皆天地生生之理本如是也。帝出乎震八語。蓋以方位配合時令而論。位於位則無出與齊之可泥也。即如玉定後天八卦。而坎為一白。坤為二黑。與洛書之數自然合一矣。要之卦自卦。數自數。書自有一北九南之位。奚取于卦。卦自有乾一兌二之數。何與于書。聖人因位以布卦。後人即卦以標數。皆不期然而然者也。是故據五行之序。則一生水。二生火。三生木。四生金。五生土。推五行之氣。則正二為木。四五為火。七八為金。十十一為水。三六九十二為土。先天八卦乾一兌二之數。因乎象。與一六生水。二七生火同。後天八卦坎一坤二之數。因乎運。與正二為木。四五為火同。地之方位止于四正四隅。以天之十二宮配之。則四隅各兼兩宮。蓋以方準圓之勢然也。亦何必配以卦

即配以卦亦無乾坤與六子並列之理文王知六子即乾坤所以坎離獨得其氣之中宗御乾坤之精髓以坎離代乾坤而居中以長居左以幼居右中即陰陽有互根之妙左右即陰陽有相御之理其義精矣坎離震兌之位既定而乾坤艮巽隨之巽次震坤次離坎次乾皆夫婦之序艮始而兌為之代終即夫婦之義也

天尊地卑十即言數之始八體宏布六即言卦之始中五立極六即背面旁屬卦一九三七二八四六為數蓋猶是卦而卦有定位於是數而數有定方矣顯言數而隱言卦與數重數不重卦也

洛書之數寓于神龜天地之秘于茲洩矣龜之首尾四足即四正四隅之卦也首尾四足無不相稱即縱橫參午皆十五之數也後天八卦是橫位河圖似之洛書是活數先天八卦似之天屬先天地屬後天：之數無形地之卦有形九履于首一履于尾以有形數無形也天數無五行生尅故首尾四足無不相稱地卦有五行生尅故左弱右強首圍尾繞不能盡同

天五天七天九之名以耦者屬陰而有地二地四地六地八地十之名而有一必有二有三必有四有五必有六有七必有八有九必有十所謂參伍之數也此一彼二此三彼四此五彼六此七彼八此九彼十所謂對待之形也天數與地數各得其五此謂一成之數而百千萬億無窮之數由此而推也天數地數各得其五合二五而成十蓋有五即有

家秘本

以無不相稱者歸之天。以不能盡同者歸之地。陽純陰駁。自然之理也。洛書四陽數居正。四陰數居隅。陽純。陰純。可知矣。八卦四正二陽二陰。四隅亦二陽二陰。以耦。而陽駁可知矣。純故無不相稱。駁故不能盡同。由此而推。一蟻此洛書也。天地此洛書也。愚嘗以洛書之數。但與土合。別為金木水火四圖。雖有發明。究為贅說。蓋飛潛動植。莫不本乎天。而生乎地。其形質之對待均一。即非金木水火。所得擅其功也。余于地理之星体堂局元運理氣。只作一個神龜看。嗚呼至矣。

楊公謂洛書之數無五行。最妙。一白二黑。豈一生金。二生木和乎。洛書之數不與河圖通。即可于所附之色斷之。

十。猶之有一。即有二。陰陽自然之道也。故有天之一。即有地之六。有地之二。即有天之七。有天之三。即有地之八。有地之四。即有天之九。有天之五。即有地之十。此陰陽之數。以參伍而齊一者也。易曰五位相得。蓋謂此也。而一六在下。則二七必在上。三八在左。則四九必在右。五居中。則十亦居中。此陰陽之數對待而往來者也。易曰五位相得而各有合。

家秘本

蓋謂此也。以其參伍而齊。故一奇一耦。爍然而不紊。一闔一闢。潛然而自應。此生成之所從出也。天一生水而地六成之。地二生火而天七成之。天三生木而地八成之。地四生金而天九成之。天五生土而地十成之。一生一成。皆陰陽交媾之妙。二氣相交。而五行兆焉。降于九天之上。升於九地之下。周流六虛。無有休息。始而終。終而復始。無一息不流。

行○無○一○息○不○交○媾○當○其○無○而○其○體○渾○然○已○成○當○其○有○而○其○體○秩○然○有○象○聖人因河圖之象數而卦體立焉○夫河圖止有四象○而卦成八體者何也○蓋一畫成爻○爻者交也○太始之氣○止有一陽○是名太陽○⚊太陽一交○而成太陰○⚋是曰兩儀○太陰太陽再交而成少陰⚍少陽○⚎并太陰⚏太陽⚌是曰四象○此河圖之○顯象○也○四象三交而成八卦○☰曰乾☱

曰兌☱曰離☲曰震☳曰巽☴曰坎☵曰艮☶曰坤。蓋即河圖。每方二數。析之即有八。此河圖之象。隱而顯者也。故卦之八。由於四象。交之三。由於三交。乾坤二卦為母。六卦為子。此八卦之子母也。諸卦自為母。三爻為子。此一卦之子母也。以此分施造化。布滿宇宙之間。於是舉陽之乾為天。對以陰之坤為地。謂之天地定位。天覆于上。而地載於下也。此陰。陽。之。一。交。而。成。天。地。者。也。舉。陽。之。艮。為。山。對以陰之兌為澤。謂之山澤通氣。山。載。於。上。而。澤。受。於。下。也。舉陽之震為雷。對以陰之巽為風。謂之雷風相薄。雷。發。於。下。則。風。動。于。上。也。舉陽之坎為水。對以陰之離為火。謂之水火不相射。水。火。平。衡。形。常。相。隔。而。情。常。相。親。也。此。三。陰。三。陽。之。各。自。為。交。而。生。萬。物。者。也。先賢以此為先天之卦。伏羲所定。本於龍

蔡照臺傳

家秘本

馬負圖而作實則渾沌初分天地開闢之象也四象虛中而成五位此中五者即四象之交氣乾之真陽坤之真陰皆無形而惟土有形此土之下有黃泉皆坤地積陰之氣此土之上為清虛皆乾天積陽之氣而土膚之際平鋪如掌乃至陰至陽乾坤交媾之處水火風雷山澤諸凡天地之化機皆露於此故中五者八卦託體儲精成形顯用之所也故

河圖洛書同此中五以立極也河圖雖有四象而先天陽升陰降上下初分未可謂之四方自中五立極而後四極劃然各正其方矣有四方之正位而四維介於其間於是八方立焉統中五皇極而爲九分而布之一起正北二居西南三居正東四居東南五復居中六居西北七居正西八居東北九居正南謂之九疇此雖出於洛書而實與河圖之數

家秘本

符合天地之理自然發現無不同也而布其位曰戴九履一左三右七二四為肩六八為足其八方之位適與八方之數均齊聖人即以八卦隸之而次其序曰坎一坤二震三巽四中五乾六兌七艮八離九此則四正四維不易之定位也數雖起一而用實首震蓋成位之後必陽用事先天主天而後天主用元子繼體代父為政也易曰帝出乎震齊乎巽

相見乎離。致役乎坤。說言乎兌。戰乎乾。勞乎坎。成言乎艮。一二三四五六七八九者。古今之禪代推移。周而復始者也。震巽離坤兌乾坎艮者。日月之出沒。四時之氣機運行。遷謝循環。無端者也。先賢以此為後天之卦。昔者大禹治水。神龜出洛。文王因之。作後天之卦。豈伏羲畫卦之時。未有洛書。而大禹演疇之時。未有後天卦位耶。竊以為圖書必出於一時。而先天後天卦位亦定於一耳伏羲但有卦爻而文王始繫之辭耳河圖洛書非有二數先天後天非有二義也特先天之卦以陰陽之對待者言有彼此而無分陽後天之卦以陰陽之流行者言則有分陽矣至其作卦之旨要在陰陽之互根則一也夫易之道貴陽賤陰則陽當為主而陰當為輔而此云陽以相陰者何也蓋陽之妙不在於陽而在於陰陽中之陽乃真陽也故陰御之

感。而陽來應之。似乎陰反為君。而陽反為相。此經言神明之旨也。然陽之所以來應乎陰者。以陰中本自有之。以類相從。故來應耳。豈非陰含陽乎。陰含陽。則能生陽矣。一切發生之氣。皆陽施之。則皆陰出之者也。剛柔即陰陽。陰陽以氣言。剛柔以質言。易曰。乾剛坤柔。又曰。剛柔相摩。八卦相盪。八卦之中。皆有陰陽。則皆有剛柔。若以陽為剛。以陰為柔。則空乎剛生於柔矣而乃云柔生於剛者何也無形之氣陽剛而陰柔有形之質陰剛而陽柔於有形之剛質又生無形之柔氣質生氣以還生質故曰柔生於剛也凡其所以能為相助能為包含生生不息如是者則以陰之與陽蓋自有其德也惟陰之德能弘大夫陽以濟陽之施故陽之德能親順夫陰以昌陰之化此陰陽之妙以氣相感見于河圖洛

書先後天之卦象者如此由是則可以知天地之道知天地之道陽常本于陰而陰常能育陽故天非廓然空虛者為天也其氣常依于有形而無時不下濟地非塊然不動者為地者也其形常附于元氣而無時不上升然則天之氣常在地中而地之氣皆天之氣陰陽雖曰二氣止一氣耳所以生天生地者此氣所以生萬物者此氣故曰化始也

氣行于地明元運之宜乘形顯于天明星垣之有定即形察氣即氣布星布垣而後可以乘元運也

天光為陽為元地脉為陰為元之對陰陽相見零神正神合一也陰陽相乘零神正神錯雜也凡地脉星體整齊者必細粹斯能得天地冲和之氣而謂之相見星體傾斜者必駁雜斯則不得能天地冲和之氣而謂之相乘

中卷

經曰天有五星地有五行天分星宿地列山川氣行于地形麗於天因形察氣以立人紀紫微天極太乙之御君臨四正南面而治天市春宮少微西掖太微南垣旁照四極四七為經五德為緯運幹坤輿垂光乾紀七政樞機流通終始地德上載天光下臨陰用陽朝陽用陰應陰陽相見福祿永貞陰陽相乘禍咎踵門天之所臨地之

家秘本

形止氣蓄。形屬地。氣屬天。註足以承天足以納氣二句謂巒頭俱而垣局備也。天有象地有形。地之形合於天之象。斯天之氣即寓于地之形。上下相須而成一體矣。

所盛。形止。氣蓄。萬物化生。氣感而應。鬼福及人。是故天有象。地有形。上下相須而成一體。此之謂化機。

傳曰此篇以有形之象。為天地之機。而指示氣之所從受也。上文既明河圖洛書。先天後天八卦之理。聖人作易之旨盡於此。天地陰陽之道亦盡於此矣。然聖人不自作易。其四象八卦。皆仰法於天。故此篇專指天象以為言。夫易之八

家秘本

卦。取象於地之五行。而地之五行。實因天有五曜。五曜凝精于上。而五行流氣於下。天之星宿。五曜之分光列象者也。地之山川。五行之成形結撰者也。故山川非列宿。而常具列宿之形。觀其形之所呈。即知其氣之所禀。天有是形。御是氣。物化自然。初未及乎人事。而聖人仰觀俯察。人紀從此立焉。木為歲星。其方為東。其令為春。其德為仁。火為熒惑。其方為南。其令為夏。其德為禮。土為鎮星。其方為中央。其令為季夏。其德為信。金為太白。其方為西。其令為秋。其德為義。水為辰星。其方為朔。其令為冬。其德為智。洪範九疇所為敬用五事。嚮用五福。五紀。八政。皇極庶徵。皆自此出。故聖人御世宰物。一天地之道也。備言天體。則有七政。以司元化。日月五星是也。有四垣以鎮四方。紫微天市太微少微是也。

家秘本

有二十八宿以分布周天。蒼龍七宿。角亢氐房心尾箕。朱雀七宿。井鬼柳星張翼軫。白虎七宿。奎婁胃昴畢參觜。玄武七宿。斗牛女虛危室壁是也。四垣。即四象。七政。即陰陽五行之根本。其樞在北斗。所分之四方。為二十八宿。故房虛昴星應日。心危畢張應月。角斗奎井應歲星。尾室觜翼應熒惑。亢婁牛鬼應太白。箕壁參軫應辰星。氐女胃柳應鎮星。臨制其方各一七政也。澤天周而雖云四方而已備八卦二十四丸之象。與非經無以立極。非緯無以爐化。一經一緯。真陰真陽之交道也。交道維絡。而後天之體環周而固於外。地之體結束而安於中。此元氣之流行。自然而成器者也。其始無始。其終無終。包羅六合。入於無間。雖名陰陽。一氣而已。人能得此一氣。則生者可以善其生。而死者可以善其死。

地理之道。蓋人紀之端。此端既立。則諸政以次應之。故聖人重其事。其用在地。而必求端於天。本其氣之所自來也。然氣不可見。而形可見。不可見之氣。即寓於有可見之形。形者。氣之所成。而即以載氣。氣發於天。而載之者地。氣本屬陽而載之者陰。故有陰即有陽。地得其所則天氣歸之。天地無時不交會。陰陽無時不相見。相見而得其冲和之正。則爲福德之門相見而不得其冲和之正則為相乘而名禍咎之根禍福殊途所爭一間良足畏也。且亦知星宿之所以麗於天山川之所以列於地者乎。天之氣無往不在而日得天之陽精而恒為日月得天之陰精而恒為月五曜得天五氣之精而恒為緯至於四垣二十八宿衆星環列又得日月五星之精而恒為經此則在天之有形者有以載天之氣也。

地之氣無往不在。而山得日月五星之氣而恒為山。川得日月五星之氣而恒為川。此則在地之有形者有以載地之氣也。列宿得天之氣而生於天。列宿與天為一體也。山川得地之氣而生於地。山川與地為一體也。萬物之生於天地。何獨不然。夫萬物非能自生。借天地之氣以生。然天地非有意於生萬物。萬物自有其機焉。適與天地之氣相遇于宵冥恍惚之中夫有所沾濡焉夫有所綢繆焉夫有所苞孕焉遂使天地之氣止而不去積之累之與物為一乃勃然以生爾地理之道必使我所取之形足以納氣而氣不我去則形與氣交而為一必使我所據之兆足以承天而天不我隔則地與天交而為一夫天地形氣既合而為一則所葬之骨亦與天地之氣為一而死魄生人氣脉灌輸亦無不一

起。砂。使。隱。然。以。穴。場。為。太。極。

家秘本

福應之來。若機張審括。所謂化機也。不然。蓄之無門。止之無術。雖周天列宿。炳曜中天。而我不蒙其照。雖大地陽和。滂流八表。而我不沾其澤。天為蓋廓。地為稿壤。骨為速朽。子孫為寄生。我未見獲福也。可不慎哉。

下卷

經曰。無極而太極也。理寓於氣。氣囿於形。日月星宿。剛氣上騰。山川草木。柔氣下凝。

此條雖與蔣公不合，而理氣較勝，識者見得幹枝非二局，天地非二氣，方恍然于此解之獨有千古

地有天之四勢，蒼龍朱雀白虎玄武也。氣從地之八方，乾坎艮震巽離坤兌也。然不獨天有氣，地亦有氣，天氣在外，時行於陰魄之形；地氣在內，足以出陽精之生。惟能止陽精之生，而太極在是。知乘風則散，界水則止，又推明其所以散所以止也。地有四勢一句言星垣，氣從八方三句言元運。細玩蔣註因方成形數行，似以通行幹水為外氣，另開小水為內氣，其意亦善。然小水乃穴地之命脈，不得循俗說但以界水目之，歸厚錄謂之陰水，甚善。順五兆，察星躔也；用八卦排六甲，審元運也；布八門，收局氣也；推五運定六氣，以地局合天星而兼度其孤虛旺相也。天氣布於和風，地氣散于飄風，氣乘風則散，界水則止。蓋謂地氣坐不怕風，向卻怕風，以坐有水，向無水，則也。坐處得來水回抱，風自不能散也；蓋向前低陷，則穴中之氣為對面之風所乘，而不能不散矣。穴左穴

資陽以昌，用陰以成，陽德有象，陰德有位。地有四勢，氣從八方，外氣行形，內氣止生，乘風則散，界水則止。是故順五兆，用八卦，排六甲，布八門，推五運，定六氣，明地德，立人道，因變化，原終始，此之謂化成。

傳曰：此篇申言形氣雖殊，而其理則一，示人以因形求氣，為地理入用之準繩也。易曰：易有太極，是生兩儀。太極者，所謂象帝之先，先天地生，能生天地萬化

右低乃坐水之輔佐對面低乃坐水之寇仇山地坐後之低陷與平洋向前之低陷一例看觀坐後之水不空漏腳可知向前之風不宜沖心平洋穴地求龍都大抵以山為例余諸（謂）推其例于平洋水猶在衰敗之例起其例于山龍山盡為凶惡之神其遭禍之深且烈所必然矣時師不識水龍即可斷其不識山龍

之祖根也本無有物無象無數無方隅無往不在言太極則無極可知後賢立說慮學者以太極為有物故申言以明之曰無極而太極也大而天地細而萬物莫不各有太極物物一太極一物全具一天地之理人知太極物物皆具則地理之道思過半矣理寓於氣氣一太極也氣囿於形形一太極也以至日月星辰之剛氣上騰以剛中有太極故能

上騰山川草木之柔氣下凝以柔和中節太極故能下凝資陽以昌資之以太極也用陰以成用之以太極也太極之所顯露者謂之象而所宣布者謂之位地無四勢以太極乘之而命之爲四勢氣無八方以太極御之而命之爲八方勢與方者其象其氣而命之爲勢爲方者其極極豈有定耶則勢與方亦豈有定耶四勢之中各自有象則八方之中亦

家秘本

各自有氣然此諸方之氣皆形行之氣因方成形只謂之外氣節任其流行而無止蓄則從八方而來者還從八方而去千山萬水僅供耳目之玩如傳舍如過客總不足以濬發靈機滋荄元化必有為之內氣者焉所謂內氣非內所自有即外來流行之氣於此乎止有此一止則八方之行形者皆枯攔翕聚乎此是一止而無所不止乎此而言太極乃

為。真太。極。矣。無所不止。則陽無所不資。陰無所不用。而生生不息之道在其中。太極生兩儀。兩儀生四象。四象生八卦。萬事萬物皆胚胎于此。前篇所謂形止氣蓄。萬物化生。蓋謂此也。然但言止而不申明所以止之義。恐世之審氣者。茫然無所措手。故舉氣之至大而流行無間者。曰風。曰水。夫風有氣而無形。稟乎陽者也。水有形而兼有氣。稟乎陰者也。

家秘本

然風稟乎陽而陽中有陰焉水稟乎陰而陰中有陽焉二者皆行氣之物氣之陽者從風而行氣之陰者從水而行而行陽氣者反能散陽以陽中有陰也行陰氣者反能止陽以陰中有陽也大塊之陽何處無風何處無水風原不能散氣所以噓之使散者病在乎乘水原不能止氣所以吸之使止者妙在乎界節能明乎乘與界之為義審氣以定太極

之。法。概。可。知。矣。上文反覆推詳。皆泛言形氣之理。至是乃寔指地理之用。於是總括其全焉。順五兆。以五星之正變審象也。用八卦。以八方之衰旺審位也。排六甲。以六甲之紀年審運也。布八門。以八風之開闔審氣也。地理之矩矱盡于此矣。推五運。以五紀之盈虛審歲也。定六氣。以六氣之代謝審令也。謹歲時以扶地理之橐籥。盡於此矣。如是則太極不失其正。而地德可明。然聖人之明地德也。非徒邀福而已。蓋地之五行得其順。則人之生也。五德備其全。而五常若其性。聖賢豪傑接踵而出。而禮樂刑政無不就理。豈非人道自此立乎。然此亦陰陽變化自然之道。雖有智者。不能以私意妄作。夫亦深知其所以然。因之而已。夫卜地葬親。乃慎終之事。而子孫之世澤。皆出其中。則人道之所以終。即為人道之所以始。然則斯道也，都聖人開物成務。無有大於此者也。謂之化成空哉。

家秘本

青囊序發微

雲間云吾子汪宜耀士雲氏著

養老猶云娛老、

天為陽地為陰天為雄地為雌雌雄自有真雌真雄陰陽自有真陰真陽言地理者只從干支方位上分雌雄別陰陽總皆以雌為雄以陰為陽耳三字青囊經黃石青囊經俱已言之鑿鑿不知何以千載猶長夜也今曾公首唱此語真濟世世之津梁哉世之讀此書者不識能惕然省悟否

青囊敘

唐曾求

杜陵中陽子蔣平階大鴻氏註

門人 臨安于鴻儀曆仁氏 會稽姜垚汝皐氏 較正

楊公養老看雌雄。天下諸書對不同。

雌雄者。陰陽之別名。乃不云陰陽而云雌雄者。言陰陽則陰自為陰。陽自為陽。疑乎對待之物。互顯其情者也。故善言陰陽者。必言雌雄。觀雌雄則不必更觀其

家秘本

雄。而知必有雄以應之。觀雄即不必更觀其雌。而知必有雌以配之。天地一大雌雄也。山川雌雄之顯象者也。地有至陰之氣以招攝天之陽精。天之陽精日下交於地。而無形可見。止見其艸木百穀。春榮秋落。蛟龍蟲豸升騰藏蟄而已。故聖人制婚姻男先乎女。亦以陰之所在陽必求之。山河大地（千古不傳之秘）其可見之形皆一陰也。（且道破公不畏鬼夜哭耶）是有不可見之陽以應之。所謂雌雄者也故地理家不曰地脉而曰龍神言變化無常不可以跡求者也青囊經所謂陽以相陰陰以含陽者此雌雄也所謂陽本陰陰育陽者此雌雄也所謂資陽以昌用陰以成者此雌雄也楊公得青囊之秘洞徹陰陽之理晚年其術益精以此濟世即以此養生然其中秘密惟有看雌雄之一法此外更無他法夫地理之書汗牛充棟獨此一法不肯

金龍謂水。水生於金。故名水龍為金龍也。動不動。謂到頭之水。止處。即動處。先看到頭。次認來脈。水對三叉細認蹤。便是認來脈也。於水為止。于氣為動。水之靜。即氣之動也。大抵成星

家秘本

筆之於書。先賢口口相傳。間世一出。蓋自管郭以來。古今知者。不能幾人。既非聰明智巧所能推測。又豈閱覽博物所得與聞。會者一言立曉。不知者累牘難明。若欲向書卷中求之。更河漢矣。故曰天下諸書對不同也。曾公安親受楊公之秘。故其所言深切著明如此。

先。看金龍。動不動。次察血脈。認來龍。

此以下。乃言看雌雄之法也。金龍者氣

體。即動。不成。星。體。即不動。星體既合。然後察其血脉。
分別元運以乘之。

之無形者也。龍本非金。而云金龍者。乃
乾陽金氣之所生。故曰金龍。動則屬陽。
靜則屬陰。氣以動為生。以靜為死。生者
可用。死者不可用。其動大者則大用之。
其動小者則小用之。此以龍之形象言
也。形象既得。斯可辨其方位矣。血脉即
金龍之血脉。非龍。而實龍之所自來。所
謂雌。雄。者也。觀血脉之所自來。即如龍
之所自來矣。察察其血脉之來自何方

蔡照堂傳

也知血脉之來自何方即可認龍之來自何方矣此楊公看雌雄之秘訣而非世人倒杖步量之死格局也俗註辰戌丑未四金惡煞為金龍者非

龍分兩片陰陽取水對三叉細認踪

兩片即雌雄陰在此則陽必在彼兩路相交也三叉即後城門界水合處必有三叉細認踪即察血脉以認來龍也知三叉之在何方則知來龍之屬何脉矣

偽書郁離子有偽大玄空之訣行世其訣以子寅辰乾丙乙為金以卯巳丑艮庚丁為水以午申戌坤壬辛為木以酉亥未巽甲癸為火以金水十二干支為陽以木火十二干支為陰陽龍用陽向陽水陰龍用

俗註以兩片為左旋右旋以三义為生旺墓非

江南龍來江北望江西龍去望江東

此所謂兩片也金龍本在江南而所望之氣脈反在江北蓋以有形之陰質求無形之陽氣也楊公看雌雄之法皆從空處覓真龍故立其名曰大玄空雖云兩片寔一片也俗註江南午丁未坤為一卦江北子癸丑艮為一卦共一父母

陰向陰水人以金加巽以木加干以水加坤以火加酉龍向與水逆相轉加以取生旺其說謂爲渠處求空離五行之質而存乎神晚五行顯然之跡而只於空處加求以為真龍之脫骨所以变化而猶測故古人稱之為秘密在玄空真偽說如是竊謂天地之理不外陰陽天地一大陰陽山川各有真陰真陽豈可強而目之陰強而目之為陽乎五行自有一定之廊干支自有一定之位豈可強而移之于東強而移之于西乎天地之道有变化而無虛幻陰陽之理極精微而極易簡郁離子之訣割裂支離破碎穿鑿又在翻卦之下其虛幻怪誕正與天地易簡之理截相反真偽書之尤者也我恐好奇者惑于其說故附錄於此以為後學深戒焉

江西申庚酉辛戌乾亥為一卦江東寅甲卯乙辰巽巳丙為一卦共一父母兩卦之中互相立向者非

是以聖人卜河洛纏澗二水交華嵩相其陰陽觀流泉卜年卜世宅都宮

此即周公卜洛之事以證地理之道惟在察血脈認來龍也聖人作都不言華嵩之脉絡而言瀍澗之相交則知所認之來龍認之以纏澗也又引公劉遷豳

朱雀發源生旺氣。蓋指上元統龍而言。是向水參龍來源之生旺與來龍之生旺各有分別不可錯認蓋氣龍以合氣。為生旺氣源以利之。對為生旺此處神正神之所分也。若一誤認熱旺相反。求福得禍甚害不可勝道。學者真知之。

相陰陽觀流泉以合觀之。見聖人作法。千古一揆也。

晉世景純傳此術。演經立義出玄空。朱雀發源生旺氣。一一講說開愚蒙。

推原玄空大卦。不始於楊公。蓋郭景純先得青囊之秘。演而立之。直追周公制作之精意者也。乃其義、不過欲朱雀發源。得生旺之氣耳。來源既得生旺。即是（此是隱語也。讀者不可錯解。）來龍生旺。而諸福坐致矣。來源若非生

家秘本

吾言此山字當是代龍字。龍陽水陰。故曰此是陰陽不待言

此舉上元氣運之序。以例中下兩元也。至於山剛水柔。陰陽異質。自然各自成局。不必相兼。此理易明。何消說得。所難明者。氣運之陰陽耳。

山以實為陰。空為陽。水以空為陰。実為陽。故曰山管山兮水管水。此是陰陽不待言。

天元歌云。水龍原不異山龍。將水作山以類推。水龍即是山龍樣。枝幹分行事事同。山性本火。主炎上。水性純水。主潤下。自上而下。山之止自外而入。水之止

旺。則來龍亦非生旺。而禍不旋踵矣。景純當日以此開喻愚蒙。其如愚蒙之領會者少也。俗註龍取生旺之氣於穴中水取生旺之氣於穴前又指氣之生旺為長生帝旺墓庫合三叉者非

一。生。二。兮。三。生。三。三。生。萬。物。是。玄。關。山。管。山。兮。水。管。水。此。是。陰。陽。不。待。言。

陰。陽。之。妙。用。始。於。一。有。一。爻。即。有。三。爻。有。一。卦。即。有。三。卦。故曰一生二二生三

其成胎落脉則其雌雄對待同其元運生旺同經言山管山水管水者言山龍自山龍水龍自水龍耳非謂山水有兩樣看法也

陽以旺為旺以生為生陰以衰為旺以死為生衰旺生死即歸厚平旺煞之謂坐山來水非一致之山水在山言山在水言水也前代多舉龍格故謂水為來

此乃天地之玄關萬物生生之橐籥也又恐人認山水為一而不知辨別故言山之玄關自管山而水之玄關自管水不相混雜蓋山有山之陰陽而水有水之陰陽爾通乎此義則知世之言龍穴砂水者真未夢見矣俗註生旺墓三合為玄關者非

識得陰陽玄妙理知其衰旺生與死不問坐山與來水但逢死氣皆無取

此節暢言地理之要。只在衰旺生死之辨也。衰旺有運。生死乘時。陰陽玄妙之理。在乎知時而已。坐山山龍有坐山之氣運。來水水龍有來水之氣運。所謂山管山。水管水也。二者皆須趨生而避死。從旺而去衰。然欲識此理。非真知河洛之秘者不能。豈俗術所傳龍上五行收山。向上五五行收水。順逆長生之說。所能按圖而索驥乎。

地局只有八卦。四正各一支。一支可當兩干。四隅各二支。二支宗為一卦。令四正列一支於兩干之中。兩四隅列一卦於二支之中。所以湊足二十四數。合成每卦三爻。非真有二十四氣之可知也。

先天羅經十二支。後天再用干與維。八干四維輔支位。子。母。公。孫。同。此推。

羅經二十四路。已成之迹。人人所知。何須特舉。此節非言羅經製造之法。蓋將羅經直指雌雄交媾之玄關。以明衰旺生死之作用云爾。十二支乃周天列宿之十二次舍。故曰先天。地道法天。雖有十二宮。而位分八卦。每卦三爻。則十二宮不足以盡地之數。故十干取戊己歸中以為皇極而分布八干為四正之輔佐然猶未足卦爻之數遂以四隅四卦補成三八於是卦為之母而二十四位為之子焉卦為之公而二十四路為之孫焉識得子母公孫則雌雄之交媾在此金龍之血脈在此龍神之衰旺生死亦盡乎此矣俗註子寅辰乾丙乙一龍為公午申戌坤辛壬二龍為母卯巳丑艮庚丁三龍為子酉亥未巽癸甲四龍

一二三四五六七八九為順。九八七六五四三二一為逆。二十四山各有順逆。故曰共成四十有八局。先天五行有交媾而無生尅。故楊公每以交媾為五行。又以為玄空。又総名之曰大玄空五行。一順一逆是為交媾。故曰五行即在此中分。而其所以交媾則存乎元運。元運則由於天地陽變陰合之理。故曰祖宗祖却從陰陽出。祖宗謂元運也。以其出於天之陽故從左而順。以其出於地之陰故從右而逆。左轉右轉以數言。不以從言。斷斷字勿誤 此條存密

順謂向之。逆謂背之。背即生也。正神宜向。零神宜坐。五行謂元運。祖宗謂五行之祖宗。即指陰陽而言。陰為地。陽為天也。左邊右路。只是對待之象。非左順右逆之謂。

上元龍自一始。何嘗是左轉。
下元水自三始。何嘗是右轉。

為孫非。

二十四山分順逆。共成四十有八局。五行。即在此中分。祖宗却從陰陽出。陽從左邊團團轉。陰從右路轉相通。有人識得陰陽者。何愁大地不相逢。

此一節申言上文未盡之旨也。子母公孫。如何取用。蓋二十四山。止應二十四局。而一山之局。又有順逆不同。如有順（順即是雄逆即是雌）子。一局。即有逆子一局。一山兩路。豈非（順即是龍 順即是山水）

真陰真陽指天地而言

四十八局乎。此局得何五行。則龍神得何五行。五行不在此中分乎。然五行之根源祖宗。非取有形可見有跡可尋之二十四山分五行。乃從玄空大卦雌雄交媾之真陰真陽。分五行也。論至此玄空立卦之義。幾乎盡矣。又恐人不知陰陽為何物。又重言以申明之曰。如陽從左邊團團轉。則陰必從右路轉相通。有陰即有陽。有陽即有陰。所謂陰陽相見雌雄交媾玄空大卦之秘旨也。言左右。則上下四旁皆如是矣。此即上文龍分兩片。江南龍來江北望之意。而反覆言之者也。其奈世人多從形跡上着眼。不能領會玄空大卦之妙。故又發歎曰。有人識得此者。乃識真陰陽。真五行。真血脈。真龍神。隨所指點。皆天機之妙。何愁大地不相逢乎。若不識此。雖大地當前。目迷五色。未有能得其旨者也。俗註陽山陽向水流陽。此山水是一坟之山水。循納甲之法而求淨陰淨陽于有形之山水。即一卦三爻。亦分氷炭。其於一山之外。再收一水足矣。拘泥如此。豈不可咲之甚乎。玄空大卦。凡有形之山水皆屬陰。而與無形之陽相為一體。誠能不雜。便是陰陽相見。兩而以為可貴之事。加欲三卦皆全。豈泥於一山一水。哉

陽龍左行為順。陰龍右行為逆。陽亥龍左行為甲木。陰亥龍右行為乙木之類非。

陽山陽向水流陽。執定此說甚荒唐。陰山陰向水流陰。笑殺拘泥都一般。若能勘破個中理。妙用原來同一體。陰陽相見兩為難。一山一水何足言。

又言所謂識得陰陽者。乃玄空大卦。真陰真陽。而非世之所謂淨陰淨陽也。若

據淨陰淨陽之說。則陽山必須陽向而水流陽。陰山必須陰向而水流陰。時師拘拘於此。而不知其實無益也。真陰真陽。自有個中之妙。世人不得真傳。無從勘破爾。若有明師指點。一言之下。立時勘破。則知不但淨陰淨陽不可分。所謂真陰真陽者。雖有陰陽之名。而止是一物。又何從分。既知陰陽為一物。則隨手拈來。無非妙用。水與山為一體。陰與陽為一體二十四山卦氣相通者皆為一體矣夫淨陰淨陽都一山止論一山之陰陽一水止論一水之陰陽故拘執有形不能觸類旁通耶玄空大卦一山不論一山之陰陽而論與此山相見之陰陽一水不論一水之陰陽而論與此水相見之陰陽所以為難知難能而入於微妙之域此豈淨陰淨陽之說拘於有形者所可同年而語哉

二十四山猶云二十四位不專指坐山每一位順逆兩用故曰雙雙起五行即元運分布者即一山而分零神正神以布之也分布與雙起同義

二十四山雙雙起少有時師通此義五行分布二十四時師此訣何曾記

此即上文二十四山分順逆之義而重言以嘆美之雙雙起者一順一逆一山兩用故曰雙雙也五行分布者二十四山各自為五行不相假借也雖云如此而其中寔有奥義惟得秘訣者乃能通之時師但從書卷中搜索必不得之数也於此可見二十四山成格有定執指

家秘本

南者人人能言之而微妙之機不可測識矣俗註乾亥為一甲卯為一丁未為一之類釋雙雙起者非

山上龍神不下水水裏龍神不上山同此量山與步水百里江山一晌間

此即上文山管山水管水之義而重言以嘆美之且又以世人之論龍神但以山之脈絡可尋者為龍神即其所用水法亦以山龍之法下求乎水以資其用

山水非有兩龍神與元運同也而亦各自有龍神其脈絡的也世之言淨陰淨陽與左旋右旋都但以山脈之可尋者為龍神而以水配之初不知山之龍神自有在也其於平洋亦用此法初不知水之龍神自有在也哀哉

耳不知山與水乃各自有龍神也特為指出以正告天下後世焉山上龍神以山為龍者也專以山之陰陽五行推順逆生死而水非所論水裏龍神以水為龍者也專以水之陰陽五行推順逆生死而山非所論剛柔異廟燥濕異性分路揚鑣不相借也即有山龍而兼得水龍之氣者然山自為山水自為水非可以山之陰陽五行混入乎水之陰陽五

前後八尺不宜雜也此是穴場上牽線打十字之法也線長六七丈看准羅經向上一字坐上一字入口一字盡頭一字其八尺皆無雜然則滿局之無雜然與穴中之無雜然俱可知矣而所謂不空雜者尤在貼身一節故將註特明言之讀者勿誤認八尺為來情貼身一短節也前後曲水是正受的抱穴小水之入口與盡處是斜受的陰謂四隅陽謂四正陰旺取陰陽旺取陽以上言攀騎二格其曰斜正受來陰陽取盡就牽線格水而言其橐二格曲水皆歸于抱穴小水也以陰腦宮所謂我穴其圖左右並歸豈真有斜受正受之分乎來山以下言扶龍格也來山即來水起頂即入節三節四節從入首數至發足處不須拘言不必以陰陽為拘也龍神二句承三節四節來也如發足自離至坎而入首復自兌至震於上元立龍頭穴卯向收震然於穴中雖由穴望發足處為坤似乎無水其陰陽與穴中有殊然其水自離至坎亦復合元則是龍神未嘗不旺也何必拘哉將註龍神生旺即指一二節之起頂而以陰陽有殊指三節四節文理似乎

家秘本

行也山則量山以辨山之純雜長短水則步水以辨水之純雜長短得此山水分用之法百里江山一覽在目此青囊之秘訣亦青囊之捷訣也嗚呼此言自曾公安剖露以來於今幾何年矣而世無一人知者哀哉俗註論山用雙山五行從地卦查來龍入首論水用三合五行從天卦查水神去來者非

更有淨陰淨陽法前後八尺不空雜斜正

未順

每兩格為一穴縱橫皆八尺准此而推二十四位每位各管八尺以有正受子息者子息之八尺毋使少偏有斜受父母者父母之八尺毋使或缺總之四圍十九丈二尺之中合案與堂而成太極取陽於案取陰於堂務聚旺氣不可有一毫夾雜也然太極亦非限於十九丈二尺也地局愈大則所謂不宜雜者不止每位八尺矣八尺言其最近似乎小水之入口曲水之朝堂俱不在內故又申言之曰來山起頂須要知即山以例水言小水合處曲水朝堂處皆起頂之所在不可但詳於骨脈而忽于方位也兼小水而言則入口處為一節朝堂處為二節置小水而言則朝堂處自有一節二節至三節以後但須骨脈不雜龍神生旺而方位之陰陽不盡與穴中相合矣由此推之凡左右鉗水各有三四重者惟貼穴一重必入處盡處方位清純以得合太極餘則骨脈既真於方位不必甚拘也曰八尺不雜其言堂氣局氣可知而說者但指為來氣遂使通節文理難於貫串須知山上

受來陰陽取氣乘生旺方無煞來山起頂須要知三節四節不須拘只要龍神得生旺陰陽却與穴中殊

此淨陰淨陽非陽龍陽向水流陽之淨陰淨陽也蓋龍脈只從一卦來則謂之淨若雜他卦即謂之不淨而辨淨與不淨尤在貼身一節或從前來或從後至須極清純不得混雜八尺言其最近也言此尤為扼要所謂血脈也一節之後

龍神不下水。水裏龍神不上山。以來然各有在也。上言來然。此言堂然局然。故以更有二字。別之。來氣之遠。窮諸百里堂然局然之近。辨以八尺。語意儘明。即來指水。脉堂指水位。脉位合一。而後成局。即宗地之然。知在內。與故局然專以宗地言本文之意。向主局然。坐主。和然。堂然。子脉必須在坎位。外脉必須在震位。若貼身一節在每位八尺之內。與入口。即位以禦脉。不可動移。蔣註雖重在入口之脉。宗亦不離乎位也。現八尺言其最近一語。可以知之。註只透發來山山起頂須要知之故。於節末二句未曾辯。勿誤認。審脉之法。自一節以至三節四節並重。而註以為尤重到頭者。以到頭必脉與位合一也。

此節兼攀騎挾三大格。即如挾龍。之穴未必盡居生旺。但取穴後一節及盡頭八尺。陰陽不雜而已。由穴後一宮以至盡頭一宮。其中必更有不合元之一宮間之。然小不勝大。皆可勿論。攀騎小水亦同此例。二十四位每位管八尺。四圍共十九丈二尺。置棺于對析三丈二尺處。後則宗地一丈零。艳水二丈零。合

即少寬矣。此節須純乎龍運生旺之氣。若一雜他然。即是煞然。吉中有凶矣。來水如此。來山亦然。須審其起頂出脉結穴。一二節之近。要得龍神生旺之氣。蓋龍頂上聚。受氣廣博。能操禍福之柄。即或直來側受之穴。結穴之處。與來脉不同。而小不勝大。可無虞也。此以知山上龍神。水裏龍神。皆以來脉求旺。而尤重在到頭一節。學者不可不慎也。俗註以

前半三丈二尺。始成太極。若用分金兼向。則向上八尺。卑。已歸離。非太極之本然矣。
天上二句以星之成垣。引起水之成局。水交三八。謂大幹生小幹。相過謂小幹由前至後。由後至前。有環抱之勢也。惟環抱。方可。腳小。枝以接引之進。與來脉與骨與位同位。一元。謂之會。能會。即能接引矣。
。雁喻流水。鴉喻止水。雁野禽。鴉家禽。鴉雁同羣有何分別。

左轉右轉順逆爲陰陽者非。

天上星辰似織羅。水交三八要相過。水發城門須要會。却如湖裏雁交鵝。

此以天象之經緯。喻水法之交會也。列宿分布周天。而無七政以交錯其中。則乾道不成。而四時失紀矣。幹水流行地中。而無枝流以界割其際。則地氣不收。而立穴無據矣。故二十四山之水。其間必有交道相過。然後血脉眞而金龍動。

家秘本

水是山家血脉精。言水是生山之至寶。山靜須看厚薄以斷人丁。水動須察衰旺以斷財祿。五行謂玄空。吉神先入謂入口入尺。靜主人丁。動主財祿。乾坤艮巽。倚以明穴場之四隅有來朝之水也。俗法昭穆叢術惟四隅之水先入者吉。

大幹小枝。兩水相會。合成三义而之。所謂城門者是也。湖裏雁交鵝。言一水從左來。一水從右去。兩水相遇。如鵝雁之一往一來也。詳言水龍審脉之法。而立穴之妙在其中矣。

富貴貧賤在水神。水是山（生山）家血。脉。精。山靜水動晝夜定。水主財祿山人丁。乾坤艮巽號御街。四大尊神在內排。生尅須憑（失）（玄空）五行布。要識。天機。玄。妙處。乾坤艮巽水長流。吉

此節所以明言神先入家豪富也。一家猶云一姓也。大抵一姓之坟。恒在一處。九坟貧而一坟發福。以吉神先入之故。先入于此。則其力不復及于彼矣。

一坟發福。或由中氣。或由貼脉。或由盡結。不可執一而論。

凡看水。只看直處曲處入處止處。

入口不雜。所以引氣。盡頭不雜。所以御氣。擧龍後隂。藉此收山出煞也。所謂之仙也。

神先入家豪富。

乾坤艮巽。各有衰旺生死。非可概用。須用五行辨其生尅。生即生旺。尅即衰死。生為吉神。死為凶神。要在玄空大卦。故云天機玄妙處也。

請驗大家舊日坟。十坟埋下先坟貧。惟有一坟能發福。去水来山盡合情。

宗廟本是陰陽玅。得四失六難為全。三才六建雖為妙。得三失五盡為偏。蓋因一行擾外國。遂把五行顛倒編。以訛傳訛竟不明。所以禍福為胡亂。

此節旁引世俗五行之謬。以見地理之道。惟有玄空大卦看雌雄之法。所以尊師傳戒後學也。蓋唐以後。諸家五行雜亂而出。將以擾外國。而反以禍中華。至今以訛傳訛。流毒萬世。曾公所以深切辨之也。

青囊序終

青囊奧語發微

龍江云吾子汪宜耀士雲氏著

青囊奧語

唐救貧先生楊益筠松氏著

楊公得青囊正訣。約其旨為奧語。以玄空之理氣。用五行之星體。而高山平地之作法。已該括於其中。然非得真傳口訣者。索之章句之末。終不能辨。謂之奧語。誠哉其奧語也。

會稽姜垚汝皐氏註

坤二壬一乙三。巨門從頭出。艮八丙九辛七。位位是破軍。

巽辰亥（四代五六）。盡是武曲位。甲癸申（三一二）。貪狼一路行。姜氏曰挨星五行即九星五行也。貪巨祿文廉武破輔弼。一一挨去。故曰挨星。玄空大卦五行。亦即挨星五行。名異而實同者也。此五行原本洛書九氣。而上應北斗。主宰天地化育之道。幹維元運。萬古而不能外者也。此九星與八宮掌訣九星不同。唐使僧一行作卦例以擾外國。專取貪巨武為三吉。其寔非也。夫九星乃七政之根源。八卦乃乾坤之法象。皆天寶地符。精華妙氣。顧於其中分彼此。比優劣。真庸愚之識。詭恠之談矣。止是天地流行之妙。與時相合者吉。與時相背者凶。故九星八卦。本無不吉。而有時乎吉。本無有凶。而有時乎凶。所以其中有趨有避。真機妙用。全須秘密。即真知九星者。豈惟貪巨武為三吉。即破祿廉文輔弼五凶。亦有吉時。豈惟乾坤坎離四陽卦為凶。即震巽艮兌四陰卦。亦有凶時。斯得玄空大卦之真訣矣。奧語首揭此章。乃挨星大卦之條例。坤壬乙非盡巨門。而與巨門為一例。艮丙辛非盡破軍。而與破軍為一例。巽辰亥非盡武曲。而與武曲為二例。甲癸申非盡貪狼。而與貪狼為一例。此中。隱然。有挨星。口訣。必待真傳。不可推測而得。若俗註以坤壬乙天干。從申子辰三合為水

局故曰文曲艮丙辛天干從寅午戌三合為火局故曰廉貞之類謬矣又有云長生為貪狼臨官為巨門帝旺為武曲亦謬

左為陽右為陰左右即天地若云天運自午丁至巳丙則必云地脉自子癸至亥壬矣於陽露壬子癸字面於陰露丙午丁字面知動靜之意也

左為陽子癸至亥壬右為陰午丁至巳丙

姜氏曰此節言大五行陰陽交媾之例如陽在子癸至亥壬則陰必在午丁至巳丙矣自子至壬自午至丙路路有陽路路有陰以此為例須人自悟也非拘

定左邊為陽右邊為陰若陰在左邊則陽必在右邊矣亦可云左右亦可云東西亦可云前後亦可云南北皆不定之位雌雄交媾非有死法故曰玄空俗注自子丑至戌亥左旋為陽自午巳至申未右旋為陰謬矣

雌與雄交會合玄空雄與雌玄空卦內推

姜氏曰玄空之義見於曾序江南節註

山與水須要明此理水與山禍福盡相關

有山禍而水福後左右低陷有山福而水禍後左右高聳有山水皆福向前界水高案在遠有山水皆禍

鑿破腦後。高壓胸前。禍福盡相關。言山水同一太極。自然彼此相關也。山靜。故龍脈不妨直來。水動。故惟曲折為和平之氣。

姜氏曰。山有山之卦氣。水有水之卦氣。脫不得陰陽交媾之理。山有山之禍福。水有水之禍福。有山禍而水福。有山福而水禍。有山水皆禍。有山水皆福。互相關涉。品配為用。

明玄空。只在五行中。知此法。不須尋納甲。

姜氏曰。九星五行大卦之法。只明玄空二字之義。則衰旺生死。瞭然指掌之間。不必尋乾納甲、坤納乙巽納辛艮納丙、

曰順逆行。則有顛倒有不顛倒矣。所以有火坑。

家秘本

兑納丁、震納庚、離納壬、坎納癸之天父地母一行所造卦倒矣

顛。顛。倒。二十四山有珠寶。順。逆。行。二十四山有火坑。

姜氏曰、顛倒順逆。皆。言。陰。陽。交。媾。之。妙。二十四山陰陽不一。吉凶無定。合生旺則吉。逢衰敗則凶。山山皆有珠寶。山山皆有火坑。毫釐千里。間不容髮。非真得青囊之秘。安能辨之乎。

金龍有經有緯。來爲經也。局爲緯也。以小幹而兼經緯。則已動矣。而小枝未脫。雖動猶不動也。高人妙用如何可已。

照神皆屬局爲

認金龍。一經。一緯。義不窮。動不動。直待高人。施妙用。

姜氏曰。易曰乾為龍。乾屬金。乃指先天真陽之氣。無形可見者也。地理取義於龍。正謂此耳。一經一緯。即陰陽交媾之妙。金龍之經緯。隨處而有。而動與不動。去取分焉。必其龍之動。而後妙用出焉。若不動者不可用也。金龍既屬無形。從何可認。認得動處。即知用法。所以有待

第一義要識龍身行與止攀騎來水三折四折龍身之行也曲折之後作大灣兜向左右而去則是龍身之止也此脈樵之所以分而穴地所與開與一道單纏之行止尤為易曉第二言來脈明堂不可偏來脈即歸厚錄所謂來氣明堂即歸厚錄所謂堂氣來脈辨骨明堂辨分二都當與而收之無偏廢也或以為子脈必午向則午向而非子脈者多矣豈可拘第三法傳送功曹不高壓凡左右護龍之砂最忌高突第四奇明堂十字有玄微明堂十字即穴內十字十字有縱有橫於其橫處依水立穴之法於其縱處尋定向之法穴前半屬陽後半屬陰而左右皆公位故從後半另開小水必截其廣狹長短以定此十字所謂有玄微也謂穴場為明堂者以此時猶未立穴也挾龍不另開小水而具玄微則同第五妙前後青龍兩相照前高後低龍虎平坦孟仲季之公位皆得其宜是為相照第六秘八國城門鎖正氣城門有二小水入處與盡處也入口以地之缺為城門盡頭以水之缺為城門以其不外於八卦故謂之八國城門

高人也歟

第一義要識龍身行與止第二言來脈明堂不可偏第三法傳送功曹不高壓第四奇明堂十字有玄微第五妙前後青龍兩相照第六秘八國城門鎖正氣第七奧要向天心尋十道第八裁屈曲流神認去來第九神任他平地與青雲第十真若有一缺非真情

姜氏曰上節言金龍之動不動而此節

水道城門以冥地鐍之宗地城門以水頭鎖之一則來情之所由入一則局勢之所由進也此言鎖正氣蓋謂宗地城門第七與安向天心尋十道十字之十取其形十道之十指其數穴場可云明堂亦可云天心蔣註云天心十道緊頂入國城門來蓋城門既定正氣之來蹤又當于穴內分清十道乃知入穴正氣廣狹輕重銖兩平衡之辨此條須細玩如上元離水左抱至兌右抱至丑宗地城門是壬子癸統一局之悉觀之壬子癸丑艮寅丙午丁庚酉辛為上元旺氣甲卯乙未坤申為下元平氣戌乾亥辰巽巳為中元煞氣是煞氣平氣皆四之一旺氣獨四之二也況更前來氣以脇之乎而分左右中觀之中坐午向子前後皆旺氣右雖有巽煞然水從丙來到卯位的真子午骨子的是離脈又止於卯則為巽煞有部左盡于兌乾煞似重然水從丁來到酉位是局雖脈合一亦為乾煞有部如此則是幼中局皆可發矣惟乾方另有水外來則乾上水頭為之內應不能無凶禍耶知扺旺等於平旺能獨運旺勝於煞以自相從此後文

緊頂龍身行與止學者不可忽也蓋有動則有止不動則雖有金龍只云行龍原無止氣故高人妙用以此為第一有此一着然後其餘作法可次第而及也來脈明堂不可偏非謂來脈必與明堂直對不可偏側也若如所云則子龍必作午向亥龍必作巳向矣來龍結穴變化不一有直結者有橫結者有側結者豈容執一楊公之意蓋謂來脈自有來

家秘本

所謂生氣者他无知歌所謂定局惟看此水城豪釐尺寸要澄清太極者所謂陰陽細辨與脚堂五行方可論生剋精火精所謂樓脈下手竟如何尺寸分明界和襟逐宮合得真經緯元氣節氣養太和者也六秖城門正氣恒以一旺水一煞水鎖之故必知清中適合內外局尋求以觀旺與煞之孰重孰輕孰和兇於乎衛否也第八截屈曲流神認去來幹水作大灣兜之後於本元位中流行屈曲必有向我背我之分背我為去向我為來既去復來愈見結氣之厚更宜於穴上認之

來煞

局煞

脈之受氣明堂自有明堂之受氣二者須各乘生旺兼而收之不可偏廢也傳送功曹乃左右護龍星辰蓋真龍起頂必高於護砂乃為正結若左右二星反壓本山非龍體之正矣平地亦然貼身左右有高地掩蔽陽和房分不利俗術所不覺也十字玄微乃裁穴定向之法雖云明堂實從穴星內看十字明此十字則穴之上下左右向之偏正饒減盡

若来情短淺則抱穴水頭雖在穴前亦決不可犯然
以旺而不能制也
来脉以衰為旺明堂以旺為旺當兼而擬之不可偏
廢
俗以穴前為內明堂明堂之前為天心此條以水之
来脉與明堂對看水御陰則穴場御陽知即加穴場
以明堂天心之名亦無不可
世俗雖有明堂天心之名而實不知其義
明堂天心即主予天陽之靜也穴前有此名稱舉世
皆然即此可以見楊曾為地理的派

於此知其云玄微誠哉其玄微也歟前後青龍兩相照從案托龍虎定穴法者此義易知八國城也八國有不滿之處是曰城門蓋城門通正氣之出入而八國鎖之觀其鎖足之加使知是何卦之正氣以測衰旺而定吉凶也故曰秘天心十道際頂八國城門而來蓋城門既定正氣之來踪而又當於穴內分清十道乃知入穴正氣廣狹輕重銖兩平衡

家秘本

之辨故曰與此兩節專言入穴測氣非論形勢也不然則與明堂十字前後青龍兩條不幾於複乎屈曲流神已是合格之地然有此卦來則吉彼卦來則凶者概以屈曲而用之誤矣須有裁度乃可變通取用故曰裁以上皆審氣之真訣至微至妙者一着不到將有滲漏而失真情矣平地高山總無二法上八句各自一義末二句不過叮嚀以囑之語

倒杖云者。由下指之。所以測來氣。而謂之倒也。平洋穴由上測下為順。山穴由下測上為逆。註言只接脈二字。足盡倒杖之真訣。此言甚微。知平洋之氣交。即可以知山龍之接脈矣。山龍直來者有直來之脈。直來側落者有側落之脈。

氣湊泊。借成十節耳。

明倒杖卦坐陰陽何必想

姜氏曰。此以下二節專指山龍穴法。與平地無涉。因世人拘執淨陰淨陽之說。故一語破之。倒杖非必如俗傳十二倒杖法。此後人偽造也。只接脈二字。足盡倒杖之真訣。既知接脈。便知真穴。既得真穴。便有真向。自然之陰陽已得。又何必淨陰淨陽之拘拘哉。

生尅制化須熟記。亦謂入口與盡頭之水。制化一法。楊公所自命為仙方者也。世人不察。而翻卦由茲而起。哀哉。生尅制化。惟平洋在在有之。

識掌模。太極分明必有圖。

姜氏曰。山龍真穴。必有太極暈藏于地中。此暈變化不同。而其理則一。非道眼孰能剖露哉。

知化。氣生。尅制化。須熟記。

姜氏曰。生旺之氣為生。衰敗之氣為尅。扶生旺之氣。勝衰敗之氣。是為制化。此一節兼平地而言。

說五星。方圓尖秀要分明。

山地穴後宜高。穴前遠案亦宜高。然不得概取星峰而不辨其生旺好醜也。曜乃來氣生旺之餘。鬼則去而死者也。

曉高低。星峰須辨得玄微。鬼與曜。生死去來真要妙。

姜氏曰。此三節皆論山龍形體。不須另解。鬼曜之生死去來。是辨龍穴之要着也。龍之轉結者。背後必有鬼。有穴星如許長。而鬼亦如許長者。俗眼難辨。有反在鬼上求穴者。不知穴星是來脈為生。鬼身是去脈為死。察其去來。而真偽立辨矣。盡龍左右龍虎。都生曜氣。向外反

水以零神為生
旺即向水拳龍
亦與予零神之水
之山論例排父
母法也若水果
在生旺便犯煞
水真可葬水生
旺二字學者不

向前若是橫水固無去來之可言若是曲水論衰旺
亦論去來若是小枝直水惟短可用長則去來皆不
吉
註云向上之水不論去來此是短水故以向上即之
若拳龍之龍乃本身命之水迴黃抱紫義尚環轉
非特向上而已也此必審其去來而從可以識對待
之真脈但來非源於西去非流於東與時師逈別蓋
凡大幹水之自西而東者不可立穴若穴於小幹即

張有似乎砂之飛走者此真氣有餘直衝上前而餘氣帶轉如人當風根臂衣袖飄揚反向後也在真龍正穴則為曜氣在無龍穴之地則為砂飛此其辨在龍穴而不在砂也

向放水生旺有吉休囚否

姜氏曰向中放水世人莫不以來水特朝為至吉去水元辰走泄為至凶殊不知向上之水不論去來若合生旺則來

家秘本

可悞解惟中元人與六向顛倒者可互為生旺不足正神

當以大幹分四處為來以小幹再分四處為去若中貪局乾巽皆有曲水一來一去則來者為內氣去者為照神

向放水圖

此世俗之所謂去而我之所謂來

此世俗之所謂特朝而我之所謂回氣

又思騎龍勝於攀龍而不廢攀龍格者以向前砂高坐後砂低也四面無大水之鄉其小水之去來原無定抑若是向前高穴後低則與所攀之龍必曲折而隱避於穴其為來水無疑矣知此處當活參騎龍之水大抵橫過穴前蓋以穴前地高而水勢避之其水亦不疾去也不以天為天而求之地不以地為地而證諸天所謂翻天倒地也辨天心之樞在於立旺向既立旺向則為從外生入而非從內生出矣所慮者向中放水則水也生我避而以紬我故又當詳看也若向上之煞以生為生剋後之水便以剋為生豈非極旺之格而

固吉去亦吉若逢休囚則去固凶來亦凶楊公因向上之水關係尤緊其說最能悞人故特辨之

二十四山分五行知得榮枯死與生翻天倒地對不同其中秘密在玄空認龍立穴何要分明在人仔細辨天心天心既辨穴何難但把向中放水看從外生入名為進定知財寶積如山從內生出名為退家內錢財皆廢盡生入剋入名為旺子孫高官盡

大發地兆即向為外炁坐後之水為內炁向放水只是短直水既是直水必須攀之既不可坐亦不可如兩頭曲水以向水為富而不忌其為正神也

富貴

姜氏曰玄空大卦之妙只翻天倒地對不同七字二十四山既分定五行則榮枯生死宜有一定矣及其入用有用於此時則吉用於彼時則凶者時之對不同者其一也有用之此處則吉用之彼處則凶者物之對不同者又其一也此其秘密之理非傳心不可天心即上文第七與之天心另有辨法非時師所謂

天心十道也。若如時師之說。又何用仔細耶。天心既辨。則穴中正氣已定。而撓其權者。在向中所放之水也。從外生入。從內生出。此言穴中所向之氣也。我居於衰敗。而受外來生旺之氣。所謂從外生入也。我居於生旺。而受外來衰敗之氣。似乎我反生之。故云從內生出也。此言穴中所向之氣。穴中既有生入尅入之氣矣。而水又在衰敗之方。則水來尅

龍再失元則敗。而水脈之寒。遂成煞氣。所以有災禍侵也。

我。適所以生我也。內外之氣。一生一尅。皆成生旺。兩美相合。諸福畢臻。所以高官富貴有異於常也。此其中正有對不同者存焉。俗註所云小玄空水生向尅向為進神向生水尅水為退神非是。青囊豈有兩玄空五行耶。

脈。息。生。旺。要。知。因。龍。敗。脈。寒。災。禍。侵。縱有他山來救助。空勞祿馬護龍行。

姜氏曰。此下二節。總一篇之意。言先尋

挨星五行。即玄空大卦。照玄空主對待。挨星管全局。尋龍只看對待立穴。而看全局。故來龍脉息已合玄空之生旺。又勸其細辨九星。一一挨去。以成全吉之穴也。

龍脉以定穴之有無。次論九星以辨氣之吉凶也。此一節先言形體。而以來龍之脉息為重。外砂之護夾為輕。

勸君再把星辰辨。吉凶禍福如神見。識得此篇真妙微。又見郭璞再出現。

姜氏曰。此一節乃言卦氣。而以九星大五行為主。言如上節所云。雖得來龍脉息之真穴。而吉凶禍福尚未能取必。勸君再將挨星訣法。細審衰旺生死。而後可趨吉而避凶。轉禍而為福。一篇之旨。不過如此。苟得識其微妙。前賢與後賢。一般見識。一般作用。青囊三卷。更無餘義矣。

總論

楊公此篇。其言玄空大卦。挨星五行。即青囊經上卷陽生於陰之義。而下卷理寓於氣之妙用也。其言倒杖太極暈五星脉息。即青囊經中卷形止氣蓄之義。

而下卷氣脈於形之妙用也。一形一氣。括盡青囊之旨。而究其玄機正訣。如環無端。不可捉摸。謂之曰奧語。宜哉。

青囊奥語終

家秘本

天玉經發微

龍江云吾子汪宣燿士雲氏著

江東一卦者兌卦也水自震和氣從兌至故反而名之曰江東實指江西也八神即八卦四個者數至第四位而更起一父母之卦也一者此卦只能管一元不能有餘炁兼旺他元所以謂之一也江西一卦者指巽卦而言也坎至巽為第四位故亦曰四個二者謂此卦兼旺於下元故曰二也南北八神共一卦指上元坎卦而言不云四個者此卦突然自起不經位數不同於東西二卦也此卦力量最大能包含三卦總該八神為八卦之統龍又非個二之比也

天玉經

唐救貧先生楊益筠松甫著

杜陵中陽子蔣平階大鴻氏傳

內傳上

江(七三)東(八二)一(九一)卦(陽陰)從來吉八神四個一江西(四)一(五)卦(六陽)排龍位八神四個二南(一七)北(二八)八(三九)神(陽陰)共一卦端的應無二

天玉內傳即青囊奧語挨星五行玄空大卦之理楊公妙用止有一訣更無二

家秘本

管一卦管二卦卦字即代元字蓋本於下文管三卦之語也

門此乃反覆其詞以授曾公安者也江南江北江東江西曾序先已下注脚矣但南北東西應有四卦而此云三卦者緣玄空五行八卦排來止有三卦故也江東一卦者卦起於西所謂江西龍去望江東故曰江東也八神即八卦之中經四位而起父母故曰八神四個言八神之中歷四位也一者此一卦只管一卦之事不能兼通他卦也江西一卦者

究之四五六餘氣甚短七運猶可至八九不堪矣

卦起於東。反而言之。即所謂江東龍去望江西亦可。故曰江西也。亦於八卦之中。經四位而起父母。故亦曰八神四個。二者。此一卦兼管二卦之事。而不能全收三卦也。此如坎至巽乃第四位。巽至兌亦第四位。八卦之中。各經四卦。故曰八神四個也。南北八神者。乃江北一卦。所謂江南龍來江北望也。不云四個者。此卦實然自起。不經位數。與東西兩卦

家秘本

不同也。八神共一卦者。此卦包涵三卦。總論。八神又非八神四個二之比也。夫此東西南北三卦。有一卦止得一卦之用者。有一卦兼得二卦之用者。有一卦盡得三卦之用者。此謂玄空大卦。秘密寶藏。非真傳正授。斷不得洞悉其妙者也。俗注寅至丙為東卦。申至壬為西卦。午至坤為南卦。子至艮為北卦。非。

二十四龍管三卦。莫與時師話。忽然知得

便通仙。代代鼓騈闐。

二十四龍本是八卦。而八卦又分為三卦。此玄空之秘。必須口傳。若俗註丙本南離而反屬東卦。壬本北坎而辰屬西卦。牽強支離悖理之甚。且云四個一者寅辰丙乙四個在一龍。四個二者申戌壬辛在二龍。又屬無謂。

天卦江東掌上尋。知了值千金。地畫八卦誰能會。山與水相對。

天卦是洛書之數。上中下三元之所從出也。地卦是文王八卦。四隅四正之所以別也。天地本無異卦。順而數之為天卦。則逆而數之即為地卦。與山與水相對。猶云天與地相對。非謂一穴必兼山水成局也。

父母或屬陽或屬陰陰陽無可尋只向陰尋之一卦有三位便作三爻看中爻是父母前一爻後一爻為子

家秘本

天地東西南北皆對待之名所謂陰陽交媾如空大卦之妙用也此節方將山與水相對一言畧指一班漏洩春光矣非分大卦於江東分山水相對於地卦也若以辭害志分別支離即同癡人說夢矣俗註天卦地支從天干以向論水神旺墓地卦天干從地支以龍論山水生死可笑

父母陰陽仔細尋前後相兼定前後相兼

息。遇或前或後爻相兼之水。而定其為本卦。和以偏和為嫌也。看或前或後相兼之水。而防其出卦。仍以中和為貴也。若非父母兼前後。而前後兼父母前後爻。不安於曲水之兩邊。而安於中間。則陰陽差錯胎禍無窮矣。

凡水背不是父母之正中。便是兼前兼後。要之仍是父母居中。子息居兩旁也。

卦內八卦。承上節。而言或離或艮。凡八卦之水。來脈不離。只在一卦之內也。不出位。言從明堂看去。又不

兩路看分定兩邊安

卦有卦之父母爻有爻之父母皆陰陽交媾之妙理此節前後指卦爻而言一卦之中為父母卦前卦後偏旁兩路即為子息若不仔細審察恐於父母之胎元和真而陰陽有差錯矣俗註以前兼後為天卦屬向首後兼前為地卦屬龍家為兩邊安非

卦內八卦不出位代代人尊貴向水流歸

出位也。向水流歸一路行。此是舉去水格。去水本不不必舉。然苟有內煞。則以去水為煞神。亦能發福。向水流歸一路行。兼來脈明堂言。龍行出卦只就來脈言。只把天醫福德裝。就明堂言。龍行出卦。只就龍骨言。知脈既謬。安問明堂。故曰不用勞心力。

註云向須卦內之向。水須卦內之水。甚善。然非向水流歸一路行之節。此必是所向之水。逆節流去。歸於一路而行也。歸一路。即不出卦之謂。去水不出卦。利於出外。故曰到處有聲名。

一。路。行。到處有聲名。龍行出卦無官貴。不用勞心力。只把天醫福德裝。未解見榮光。

八卦之內有三卦。在三卦之內。則為不出卦而吉。三卦之外。即為出卦而凶。向須卦內之向。水須卦內之水。二者皆歸本卦。則全美矣。天醫即巨門。福德即武曲。此乃一行所造小遊年卦例。以溷挨星之真者也。蓋謂世人誤認卦例為九星五行。必不能獲福也。

山穴水穴之向皆爲龍位皆當倒排父母於來脈以蔭之

關天關地定雌雄富貴此中逢謂之翻天倒地對不同秘密在玄空謂龍

倒排父母蔭龍位山向同流水十二陰陽一路排總是卦中來

倒排父母即顛倒顛之義陰陽交媾皆倒排之法山向與水神必倒排以定陰陽十二陰陽即備二十四山之理言雖有二十四陰陽總不脫八卦為父母也

關天關地定雌雄富貴此中逢翻天倒地對不同秘密在玄空

雌雄交媾之所乃天地之關竅知其關

向三陽之水而能盡其源流。言自遠及近。皆不出宮也。於三陽之中求六秀。惟丙丁二神足以當之。蓋丙。午。卯。水。御。三。元。不。敗。之。基。故特拈出。借三陽為三吉之名。借六秀為三吉子息之名。

竅。而後。交。媾。可。定。也。江南龍來江北望。江西龍去望江東。此為翻天倒地。已詳奧語註中。俗註以辰戌丑未為閑天關地非。

三。陽水。向。盡。源。流。富貴永無休。三。陽六秀二。神。當。立見入朝。堂。

三陽者。丙午丁也。天玉青囊既重挨星生旺矣。而此節提。出。三。陽。卯。有。深。意非筆舌所能道。六秀者。本卦之二。處。故曰

家秘本

玉堦當是案。玉街印綬鼓角紅旂。山水皆有之。鬖鬖艷汩言福蔭之美。

二神。天玉以卦之父母為三吉。以卦之子息為六秀。俗註艮丙巽辛兑丁為六秀非。

水到玉堦官便至。神童狀元出。印綬若然居水口。玉街近台輔。鬖鬖鼓角隨流水。艷艷紅旂貴。

鼓角紅旂。皆以形象言。俗註乾坤艮巽為玉街、長生前一位為鼓角、後二位為紅旂非。

家秘本

三才六建。元運也。故曰上。玉輦捍門水法也。故曰下。

六建之水。的確分明。方可號為六龍。若四正六建之山向流入四陽之支神。使不得為分明。而無六龍之可言。知四陽六建之山向流入四正之干神。其病亦相等。橫過水總不必拘。

上摟三才并六建。排定陰陽算。下按玉輦捍門流。龍去要回頭。

三才即三吉。六建即六秀。此節上二句論方位。故須排定陰陽。下二句論形勢。玉輦捍門。皆指去水。須纏身兜抱。謂之回回頭也。俗註以長生論位為六建。及玉輦捍門。俱就方位言者。非。

六建分明號六龍。名姓達天聰。正山正向流支上。寡夭遭刑杖。

正山正向謂四正之山向○丙丁壬癸皆是也○丙水向而流於巳癸水向而流於丑便犯凶煞矣○

世俗以一干一支為夫婦故姑以同宮之夫婦示之○其於交媾之理固未及也○定陰陽謂不定四正為陽

下二句緊頂上二句而言○水之取六建是矣○然卦之山向在○四隅卦中○即用○本卦○支○神○之○六○建○在○四○正○卦○中○又○當○用○本○卦○干○神○之○六○建○若卦取正山正向而水又流他卦之支上○是陰陽差錯○而必有寡夭刑杖之憂矣○舉四正卦○而四隅卦不辨自明矣○此節以下○專辨干支零正○陰陽純雜○毫厘千里之微○

共路兩神為夫婦○認取真神路○仙人秘密

四隅為陰若水法陰陽不雜則以為山之正龍剛可
矣

四正四隅各有零正之不同苟坐向倒置便有病矣以零為堂以正為向已可云好然又須所騎之曲水果與坐向相符而小水之入口果與坐向相通而即此便是水上排龍點位裝也發水入零堂其為平洋可知而下文忽言山者以山水同一法故雜言也向裝正神騎龍格也平洋騎龍格尤與山地相似

定陰陽便是正龍剛

共路兩神即一干一支也一干一支皆可為夫婦然有真夫婦有假夫婦真夫婦為正龍假夫婦即非正龍矣如巽巳為真夫婦丙午亦真夫婦若巳丙不得為真夫婦矣其他倣此

陰陽二字看零正坐向須知病若遇正神
正位裝發水入零堂零堂正向須知好認
取來山腦水上排龍點位裝積粟萬餘倉

發水謂坐後曲水入零堂謂入於穴後之上堂也入口即來水曲水即來水之源山自側落後直趨於穴其坐向自然與來脉一宮水忌洩腦小水之入口與曲水之來脉不可一宮故有水上排龍點位裝之法或謂小水來脉既與但取抱穴不論方隅如其說則零不必堂堂不必零矣豈楊公之指乎但楊公自有剋制之法

認取來山腦來山只作來水看蓋上下文未嘗言及山法也來水骨雖與而在明堂又取其合但當遜認之

水上排龍點位裝言水口水頭皆點定吉位以裝之

青囊天玉蓋以卦內生旺之位為正神以出卦衰敗之位為零神故陰陽交媾全在零正二字零正不明生旺必有病矣若知其故而以正神裝在向上為生入而以零神裝在水上為剋入則零堂正向豈不兼收其妙乎向水即妙而來山之腦未必與坐向相合又當認取果來山又與向水同在卦內則來脉又合非但一向之旺氣而已惟水亦然蓋山

正神百步始成龍水短便遭凶謂明堂寬廣方不阻
隔龍氣也零神之水長短皆吉與正神不同正神在
向吉在水凶零神在水吉在向凶
前云若遇正神正位裝則正神之為明堂無疑矣

家秘本

有來山之腦水亦有來水之源水龍即是山龍亦須節節排去點位裝成果能步步零神即水之來脈與水之入口同一氣山之坐向與山之來脈同一氣斯零正二途別無間雜而為大地無疑矣

正神百步始成龍水短便遭凶零神不問長和短吉凶不同斷

此承上文而言正神正位裝向固吉矣然其向中來氣須深遠悠長而後成龍

攀龍騎龍之曲水。與挾龍入首之水一路來者也。攀龍騎龍抱穴之水。與挾龍發足之水。非一路來者也。點位分。謂分其孰為父母。孰為子息。孰為兄弟。與兄弟之子孫。

承上文認取來山腳而言。山水排龍之法。山自側落後。不復曲折。大抵不出本卦之父母子息。但須認元

若然短淺。則氣不聚。難以致福。至於水則不然。一遇正神。雖一節二節。其殺立應矣。其零神之長短。又與正神有異。使零神而在水。雖短亦吉。若零神而在向。雖短亦凶。是零神之吉凶。在水向之分。而不係乎長短也。

父母排來到子息。須去認生尅。水上排龍點位分。兄弟更子孫。

亦承上排龍而言。卦之中氣為父母。卦

達之生尅而已。水多曲折易犯煞神。穴後止水須從兄弟入口至本卦子孫。或他卦子孫而止。此騎龍格也。若入口從兄弟又必從兄弟之子孫而止。則拳龍格也。騎龍入首宜狹。止處宜闊。拳龍入口與止處相等。若騎龍形局必須從子孫入口。排至兄弟。則為洩本宮。必成破敗。此皆水上排龍照位分之法也。生宜衰敗。向旁亦有衰敗。何旁水在衰敗之方亦為尅入。此皆煞神。

家秘本

之二爻為子息。而本宮他卦之父母為兄弟。上二句言山上排龍。下二句言水上排龍。山上排龍。從父母排到子息。總是一卦。則卦氣純矣。然須認其卦之生尅。若得卦之生氣。則純乎吉。若得卦之尅氣。則純乎凶矣。豈可以其卦之純一而遂謂吉哉。山上排龍。來脉一路。大都只在一卦之內。至於水上排龍則不然。水有一路來者。亦有兩三路來者。故須照位分開而不能拘一卦之父母只要旁來之水亦在父母一氣之卦謂之兄弟兄弟卦內亦有子孫雖非一父母而總是一家骨肉來路雖多不害其為吉也凶者反是

二十四山分兩路認取五行主龍中交戰水中裝便是正龍傷前面若無凶交破莫斷為凶禍凶星看在何公頭仔細認蹤由

此一節專舉卦之差錯者而言兩路者

二十四山分兩路兩路恰是一路龍中交戰水中裝便是正龍傷此專言平洋平洋之向即真龍而龍在水中故水中交戰則為正龍傷矣註以為入口交戰最是非入口交戰安得謂之正龍傷乎前面若無凶交破此指來水言龍中交戰乃旺向之偏者若前面為向之前面則有水即為煞非交破之可言註以前面為來水源頭最是蓋由入口處逆尋來源則來源為前面也平洋之水為內氣故稱

家秘本

尋其來源也。後文雙山雙向水零神富貴永無貧此專言山地雙向非向巳丙之縫中乃立丙向而近乎巳。立巳向而近乎丙。如世俗分金之作用而以八尺和宜雜求之。所謂雙向也。山地以山為龍而以水為照神。雙向由於雙山。龍既不真。端在照神相助。若照神為旺氣。則山向之旺氣從之。照神為煞氣。則山向之煞氣從之。蓋同根相應。同氣相求之理有如是也。山地之水為外氣。故不能傳正龍。而亦不必更尋其來源也。二條相似。特詳辨之。

世俗宗地求龍。似與局氣相類。故舉立向不清之局告之。以明水之力大於龍。而求龍必先於水也。龍中交戰。局無可清之向也。然亦不礙。若貼身小水入口亦雜。則真交戰矣。或者來源不差錯。猶能相救。至于來源差錯者。須看其差錯在何公位。在左則長房應。在右則小房應。水之力大如此。豈可舍水尋龍乎。貼身小水。如獨格清。龍骨不得但以堂氣求之。

陰。陽。生。死。也。二十四山。每山皆有兩路。非。分開二十四山歸兩路也。兩路之中。須認取五星之所主。五星所主。貴在清純。若龍中所受之氣。既不清純。而吉凶交戰矣。倘能以水之清純者救之。庶龍氣遇水制伏。而交戰之凶。威可救。奈何又將龍中交戰之卦。裝入水中。則生氣之雜出者。不能為禍。而死氣之雜出者。適足為禍。正龍有不受其傷者乎。然水

分来山與向為兩局。非二十四山雙雙起之謂也。父母出脉。子息入首。即兩局矣。但向從入首而定。子息

之差錯。其力足以相勝。吉多者吉勝凶。凶多者凶勝吉。入口雖然交戰。而来水源頭。若無凶星變破。則氣猶兩平。雖不致禍。亦未可遽斷為凶禍。且凶星之應。亦有公位之分。吉凶雙到之局。只看其房受着。便於此房斷其有禍。不受着者亦不應也。非如純凶不雜之水。房房受其殃禍之比。故其發尤當仔細認云。

先定来山後定向。聯珠不相放。須知細覓

仍在父母卦中。故曰先定来山後定向。聯珠不相𢘆。然富貴之龍。必父母出脈。亦父母入首。當仔細覓之。註中此卦。專指父母而言。

五行。謂旺元。時師稍知元運。其於山地平洋。皆欲坐旺。皆非也。但

五行蹤富貴結全龍

此節專就山上龍神而言。青囊天玉原以来山所受之氣。與向上所受之氣。分為兩局。然兩局又非截然兩路。故云聯珠不相𢘆。此不可約畧求之者也。須當細覓蹤跡。若是富貴悠久之地。必然来山是此卦。而向首亦是此卦。一氣清純。方得謂之全龍耳。

五行若然翻值向。百年子孫旺。陰陽配合

山地以石為主與坐旺即為犯煞平洋以水為主其坐旺和必盡犯煞故吉之即山地必取其旺運翻而值向方可發福若平洋坐旺則但須向上有水即為陰陽配合而與山地之立旺向者同論矣此節最是難解

亦同論富貴此中尋

此節亦上二句言山上龍神下二句言水裏龍神五行飜值向都五行之旺氣值向也翻即翻天倒地之翻言生旺氣飜從向上生入也山管人丁故云百年子孫旺而富貴亦在其中矣陰陽配合水來配合也亦與向上之氣同論但用法有殊耳水管財祿故云富貴此中尋而子孫亦在其中矣

二十四路皆可出官者。然必以父母為主。斯孟仲季得其邀緋紫之榮。若非父母為中。然以坐以向。雖得生旺亦富而不貴矣。

東西父母三般卦。算值千金價。二十四路出高官。緋紫入長安。父母不是未為好。無官只富豪。

此節發明用卦之理。重卦體而輕爻。重父母而輕子息。蓋同一生旺。而加量懸殊也。言東西而南北在其中矣。青囊天玉之秘。只有三般卦訣。若二十四路不出三般之內。則貴顯何疑。然卦內又當問其是卦之父母否。高官緋紫。必是父母之氣。源大流長。所以貴耳。若非父母而但乘變神子息之旺。則得氣淺薄。僅可豪富而已。

父母排来看左右。向首分休咎。雙山雙向水零神。富貴永無貧。若遇正神須敗絕。五行當分別。隔向一神仲子當。千萬細推詳。

亦承上文用卦須父母而言。父母排来。要排来山之龍脉也。来山屈曲。必不能盡屬父母。兼看左右兩文子息。若何若

父母排来看左右。向首分休咎。註云来山屈曲。以父母兼子息。清純不雜。然須看向首所受之氣。逢生旺則吉。逢衰敗則凶。此一條。可以見山龍水龍同一元運。留當向旺而坐衰也。前文之言山龍者一云父母排来到子息。須去認生剋。不直指向首。尚屬含糊。一云五行若然翻值向。百年子孫旺。則已稍〻明白矣。然截然道破。斷推此條。

雙山雙向水零神富貴永無窮。蓋雙山雙向。卦氣要雜。必得零神之水。以扶正神之龍。而後富貴可期也。若水路又屬正神。則山在旺元。既為生出。水在本元又為剋出。兼剋他處。而路皆出。能無敗絕乎。此一條。必山腰有大水相照。或山腳與水相近。亦可借水扶龍。

要之來脈清純山向不雜使不必問水即有他元之水亦能發福他元亦然不害本元也
本卦之出向宜出入外來之照神宜趨入坐向兼他卦則為生出矣照神之所趨不在於我則為尅出矣
隅向一神即指所兼之卦向固主仲子而既立兼向則隅向一神之仲子當之其煞氣必先受甚矣兼向之不可輕立也故曰千萬細推詳
非陰無以載陽只就陰位之左右中觀其吉凶以斷孟仲季之禍福不必更問對待之左右中也如兼向之不利仲子當於兼坐上三合之年斷之若平洋穴後無水而立兼向其應乃在向上三合年中
公位之孟仲季本於天地四正之位左震為孟中坎、離為仲右兌為季故隅向一神仲子當註即以離卦釋之其例可推

子息清純不雜又須向首所受之氣逢生旺則休逢衰敗則咎若雙山雙向卦氣錯雜須得水之外氣悉屬零神趨入相助則雙山雙向為水神所制伏而富貴可期矣萬一水路又屬正神則生出尅出兩路皆空而敗絕不能免矣公位之說乃因洛書八卦震兌坎離而定孟仲季三子之位隅向一神猶在離卦之內故云仲子天玉畧露一班以為房分

家秘本

此解甚精
然于方特
字不甚切

公位接得龍氣者為順。接不得龍氣者為逆。山地之高厚。平洋之低薄。皆接得龍氣者也。陰陽無不接之理。陰氣不到。則陽氣不接矣　註以高厚為生氣。低薄為死氣。

宜高而高。宜低而低為順。宜低而高。宜高而低為逆。山穴之左右與後。一層高一層。水穴之左右與後。一層低一層。水穴向前一里之內。案砂一層高一層。山穴向前數里之外。案山一層高一層。所謂接得也。本文不言高低而言順逆。已為隱語。註後借生炁死炁分別山水以釋之。反似水以零為龍神。山獨以正為龍神。則尤隱矣。山水案上皆以生炁為順。而註末之及者。蓋穴後主壽。左右主下。案上主富貴。男女失其踪。非案之驗。故不復及之也。

位為左右中。宮為左右中之卦。須合參。

穴後向前之高低。此是太極之秘。與元運無涉。所謂逆龍。並非指水。但正神之謂。蓋此節無一字及元運也。

取驗之矩矱。言仲而孟季可以類推矣。

若行公位。看順逆。接得方部特宮位。若來見逆龍。男女失其蹤。

承上文仲子一神而概言公位之說。順則生旺。逆則死絕。然不云生死而云順逆者。若論山上龍神。則以生氣為順。死氣為逆。若論水裏龍神。則又以死氣為順。生氣為逆故也。

更看父母下三吉。三般卦第一。

藜照堂傳

惟無一字說元運故下文復言與前父母下三說明高低即須合法而元運尤不可不重蔣公正以本節不言元運故偏為生焉死焉疑似之辭令會心人自喻之

山水同一元運而用法不同水可鑿山不可鑿水可兼山不可兼水有攀龍山無攀龍水葬宜淺山葬宜深山取沖腦水忌沖腦山以堂中為明堂水以案地為明堂山以近水為照神水但以遠山為朝案皆其不同處也

末二節一言堂局一言元運皆地理之最緊要者

通篇皆明父母三般卦理，反覆詳盡，知終篇復申言之。若即千言萬語，只有此一事而已，無復他說矣。蓋致其叮嚀反覆之意云。

家秘本

内傳中

二十四山起八宮。貪巨武輔雄。四邊盡是逃亡穴。下後人丁絶。

此節反言以見旨。與起下文之意。言一行所作小遊年卦例。以二十四山起八宮。而取貪巨武輔為四吉。若其説果是。則宜乎隨手下穴。皆吉地矣。何以四邊盡是逃亡穴。而下後反令人敗絶哉。則。知。卦。例。不。足。信。而。別。有。眞。機。如。下。文。所

家秘本

而形體之五星。所配以加位之九星。則堪輿之秘盡矣。故曰天下任橫行。

云也。

惟有挨星為最貴。泄漏天機秘。天機若然安在內。家活當富貴。天機若然安在外。家活漸退敗。五星配出九星名。天下任橫行。

緊接上文。卦倒既不可用。惟有挨星玄空大五行。乃為陰陽之最貴者。天機秘密。不可流傳於世。但可偶一洩漏而已。安在內。不出三般卦之內也。安在外。出三般卦之外也。出卦不出卦。禍福迥別。

安得不貴耶○夫挨星五行○非如遊年卦例但取四吉而已○蓋八卦五行○配出九星○上應斗杓○知九星之作用○便可橫行天下○無不響應矣○卦例云乎哉○

干○維○乾○艮○巽○坤○壬（父精）○陽○順○星○辰○輪○支○神○震○坎○離○兌○癸（母血）○陰○卦○逆○行○取○分定陰陽歸兩路○順逆推排去○知生知死亦知貧○留取教兒孫○

此節分出玄空大卦干支定位○以足前篇父母子息之義○四維之卦○以天干為

洛書之四正皆陽數○四隅皆陰數○今以干維為陽○而四正之父母反屬陰○以地支為陰○而四隅之父母反屬陽○此世俗之說也○楊公姑就其言而正之○謂乾○坤○艮○巽○而兼為天之精也○則此四陽卦當順輪星辰上元二黑當令○中元四綠六白當令○下元八白當令○不可亂也○坎○震○離○兌○而兼為地之血也○則此四陰卦當逆取星辰上元九紫七赤用事○下元三碧一白用事○亦不可亂也○究之分定陰陽○必須歸到壬癸兩路而順逆推排之○方能知死知生○而得趨避之道○其意歸重父母○而以壬癸為龍水之別名○隱然以壬○癸○為陰○

陽不以和知御陰陽也挨星只是元運不分龍水此以壬癸二字分出龍水故曰秘中之秘

精氣從天陽也故當順輪胎息從地陰也故當逆取二十四位位位有時為陽亦位位有時為陰陰陽無一定之位故順逆亦無一定之規如文神坎離震兌而為天之陽則又當順輪干維乾坤艮巽而為地之陰則又當逆取俗術不識陰陽為何物將干支字面硬別陰陽而分左右旋真痴人說夢耳嗚呼此理可為知者道難與俗人言也

主者也干維曰陽四正之卦以地支為主者也地支曰陰此陰陽非交媾之陰陽也知卦之所主則父母子息不問而自明矣其陰陽兩路每一卦中皆有陰陽兩路可分非將八卦分為兩路何者屬陰何者屬陽也其順逆推排即陰陽兩路分定之法非乾艮巽坤為陽順坎震離兌為陰逆若如此分輪則皆順也何云逆乎至於四卦之末各綴一字曰

壬曰癸。此又換星。秘中之秘。可以心傳而不可以顯言者也。

天地父母三般卦。時師未曾話。玄空大卦神仙說。本是此經訣。不識宗枝但亂傳。開口莫胡言。若還不信此經文。但覆古人墳。

曰天地。曰東西。曰父母。曰玄空。曰挨星。異名而同實。若於字義屑屑分疏。則支離矣。此節蓋恐學者得傳之後。以為太易而輕忽之。故極言贊美。以鄭重其辭。

五行山下問来由山下。即穴也。入首一節管初元所以初年立應若馬上斬歸便是入首有病也。

非別有他義也。說到覆古人墳。是徵信實著。予得傳以来。洞徹玄空之理。令故註此經文。駁前人之謬。直截了當。略無畏縮。皆取信於覆古墳。益驗之已往。券之將来。深信其一毫之無悞。自許心契古人。而可以告無罪於萬世也。

分卻東西兩個卦。會者傳天下。學取仙人經一宗。切莫亂談空。五行山下問来由。入首便知蹤。

分定子孫十二位。即雙山五行。楊公則以父母為宗。子息為枝。故言龍氣受剋。當於宗枝推求之也。

此亦叮嚀告戒之語。而歸重於入首。蓋入首一節。初年立應。尤不可不慎也。

分定子孫十二位。災禍相連值。千災萬禍少人知。剋者論宗枝。

此節直糾時師悞認子孫之害。蓋子孫自卦中分出。位位不同。豈如俗師干從支。支從干。二十四路。止作十二位論。若如此論法。必致葬者災禍相連值矣。既遭災禍。而俗師終不知所以災禍之故。

楊公每以五行為八卦玄空之名。即所出一位。若是本卦之子。恩非出也。若在他卦之子。恩即真、出煞。肰真出亦不皆凶。已可兼兩。兩不可兼。已和可兼。下下不可兼和。而謂秘也。

胡猜亂猜。或云干山。或云支山。總非真消息也。夫災禍之發。乃龍氣受剋。所致。而龍氣之受剋。實不在干。支蓋有為干支。剋宗者焉。所謂父母是也。知其宗之受剋。則知干支。隨之而受剋。所以不免災禍耳。深言十二位分子孫之說之謬如此。

五行位中出一位。仔細秘中記。假若來龍骨不真。從此誤千人。

此節又詳言出卦不出卦之審前。蓋同一出位。而有卦內。卦外之不同。若在卦內。則似出而非出。若在卦外。則真出矣。此中有秘。當審察記之。在卦內則龍骨真。在卦外則龍骨不真矣。

一個排來千百個。莫把星辰錯。龍要合向向合水。水合三吉位。合祿合馬合官星。本卦生旺尋。合凶合吉合祥瑞。何法能趨避。但看太歲是何神。立地見分明。成敗斷定

凡來龍當先認卦。格其骨。次認穴場。格其位。總之不可出卦。

凡數折之水。與環抱之水。皆當格其骨。格橫曲水之骨。方能識龍。格橫抱穴之水。方能識局。識龍方能合元。識局方能定向。格橫抱水是子午。當立卯酉向。是寅申。當立巳亥向。斷不可走作。

水合三吉。而形體端正。其局自然合向合龍。

自昔言神煞者甚衆。一個干支。却有千百個神煞。學地理者。當以九星為主。而參觀之。不可顛倒錯認也。

龍合向。同一卦也。向合水。水合三吉。位同一元也。若龍向水皆合。而有值年吉星臨之。或龍向水皆不合。而有值年凶星臨之。兼與太歲拱合。則成敗立見。就其左中右之方位。而斷其屬於何房。必有驗也。所謂局內無一不合。雖輪過凶星。亦不能為害。

看自何卦生。即其看五行也。庚辛為兌卦。容或知之。若兌卦之轉為震卦。終莫知之也。丙丁為離卦。容或知之。若離卦之轉為坎卦。終莫知之也。必順排兼逆排。方與天卦相合。一二三為順。三二一為逆。

何公位。三合年中是。

一個排來變化不一。故有千百個也。龍向水相合。前篇已盡。祿馬官星在本卦生旺則應。不然則不應。此見生旺為重。而祿馬官星在所輕矣。

排星仔細看五行。看自何卦生。來山八卦不知蹤。八卦九星空。順逆排來各不同。天卦在其中。

五行總在何卦中生不在和克中定所

世俗以陽干為陽。陰干為陰。楊公則就陽干之臨旺而謂之陽。陰干之臨衰而謂之陰。順推謂向之。逆推謂坐之。可見陽干臨衰。亦當坐。陰干臨旺。亦當向也。九星雙起。每一星有時而為雌。有時而為雄。與二十四山雙雙起同義。註八卦。謂八穴之卦。順推逆推。謂向之背之。上五行

謂父母子息也。不知八卦蹤跡從何而來。則九星無處排矣。蓋星卦之順逆。各有不同。即此一卦。入用或當順推。或當逆推。有一定之氣。而無一定之用。所謂天下諸書對不同也。要而言之。則玄空二字之義盡之矣。

甲庚丙壬俱屬陽。（龍則當順而向之）順推五行。詳乙辛丁癸俱屬陰。（水則當逆而坐之）逆推論五行。陰陽順逆不同途。須向此中求。九星雙起。雌雄異。知闕真蹤處

指氣下五行指水。

凡立穴全是向水卦氣。一陰一陽結成太極。左右之入口與盡處皆本乎山向水。不過二神就二神互輪向水即為四神

此略舉干神卦氣之例。陽四干則順推入卦。陰四干則逆推入卦。一順一逆。雖不同途。而此中有一定之卦氣。可深求而得者。至其每卦之中。皆有一雌一雄。雙雙起之法。乃陰陽交媾玄關妙處也。又不止一卦有一卦之用而已。舉八干而支神之法亦在其中。

東西二卦真奇異。須知本向水。本向本水四神奇。代代著緋衣。

有何全訣不能全美一代為官亦必罷黜直山直水皆山水之短者息內流神不成大局若太長無重則又不可用矣

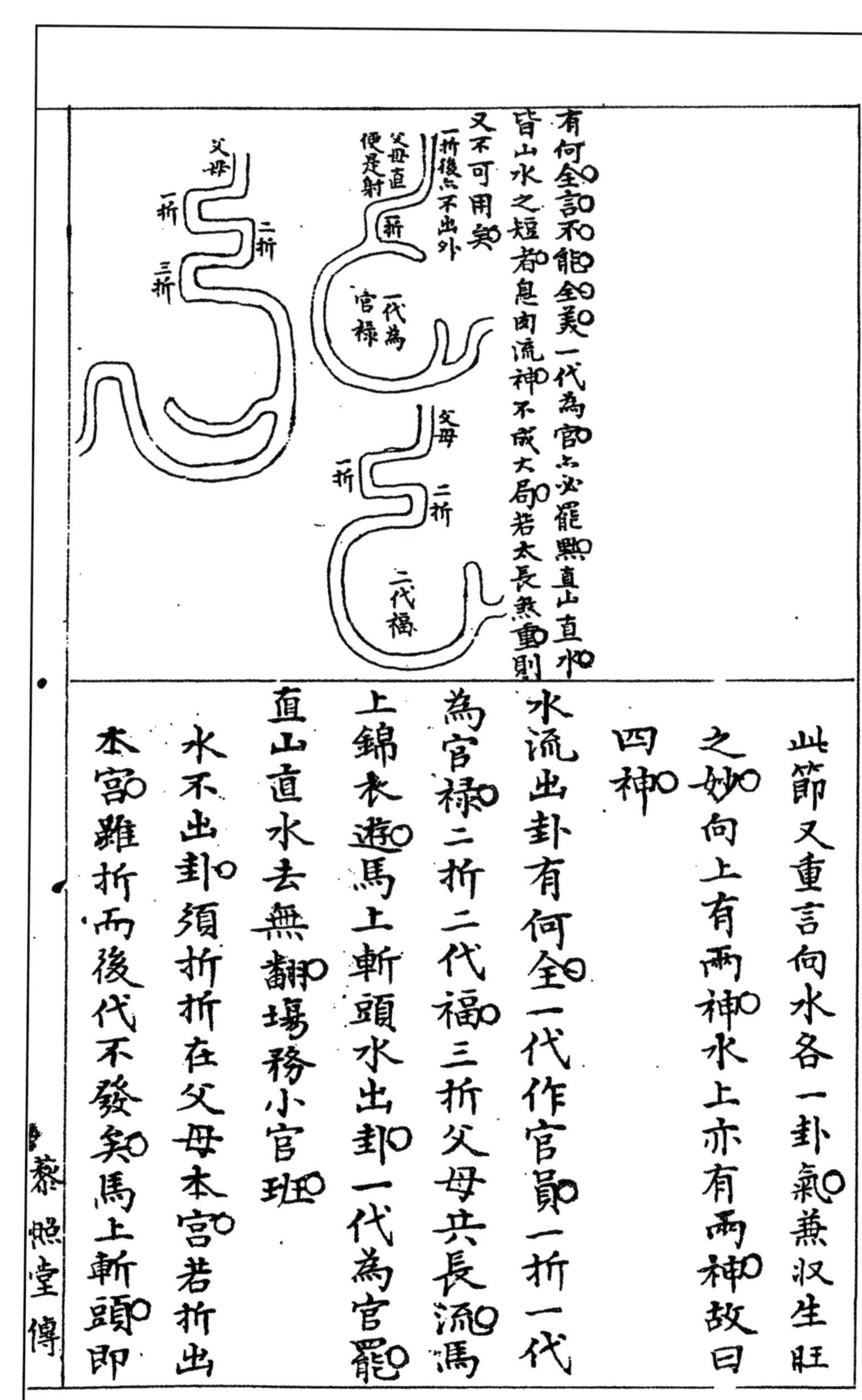

此節又重言向水各一卦氣兼收生旺之妙向上有兩神水上亦有兩神故曰四神

水流出卦有何全一代作官員一折一代為官祿二折二代福三折父母共長流馮上錦衣遊馬上斬頭水出卦一代為官罷

直山直水去無翻場務小官班

水不出卦須折折在父母本宮若折出本宮雖折而後代不發矣馬上斬頭即

一折父母便流出卦。如斬頭而去也。本卦水又以曲折為貴。乃許高官。若止直流。雖然本卦而官職罷。

乾山乾向水朝乾。猶云乾山巽向水朝巽。中元取兩頭水。再得乾水。則中黃氣旺。兩科名立致。知平洋以水為峯。故曰乾峯。午山午向午來堂。則午山子向。午水來上堂也。穴後為上堂。穴前為中堂。又前為下堂。卯山坤山倣此。

內傳下

乾山乾向水朝乾。乾峰出狀元。卯山卯向迎源水。驟富石崇比。午山午向午來堂。大將值邊疆。坤山坤向水坤流。富貴永無休。

此明玄空大卦向水兼收之法。舉四山以例其餘。皆卦內之清純者也。乾宮卦內之山。作乾宮卦內之向。而收乾宮卦內之水。則龍向水俱歸生旺矣。非向龍顧祖大說也。或云狀元。或云大將。或云

辨得陰陽兩路行謂坐向兼收生旺之氣五星要分明謂星體當純粹周帀也如此則白屋公卿亦不為難泥鰍二句言變化之易

情即歸厚錄之所為來情坐向不過二卦二卦各輪坐向為四神依得四神只是坐衰向旺之法具於來情挽畧也穴上八卦即指來情而言山之來情在穴上水之來情在穴外言山龍而水龍可推矣東西二卦以坐向為本坐向又以來情為本穴上格清能會知來情是午則於穴內裝子向知來情是丙則于穴內裝壬向方能接脈

家秘本

驟富亦錯舉以見意不可拘執

辨得陰陽兩路行五行要分明泥鰍浪裏跳龍門渤海便翻身

陰陽兩路上文屢見此重言以申明耳

下二句言變化之易

依得四神為第一官職無休息穴上八卦要知情穴內卦裝清

前篇本向本水四神奇是姑置來龍而但重向水此節穴上八卦要知情又從

寅申巳亥水来長此指小曲水訣凡小水闊一丈二丈其直都格其直之正中其直而帶横者為曲水以格其直之正中如正中為寅申則左右必艮巽坤甲庚如正中為巳亥則左右必兼巽乾壬丙都無不犯差錯之理但曲之大都其入首處横計有二十丈如不犯差錯是二十丈為一卦也合八卦計之其圍一百八十丈其徑六十丈立穴於六十丈之正中可以收盡曲水如犯差錯則穴雖去曲水三十丈偏左偏右以轉移之其為差錯如故蓋曲大則力重向偏則權輕勢不相敵也惟曲之小都横計五六丈其水面之正中為子息便只作子息一位看如横只五丈合二十四位計之其圍一百二十丈其徑四十丈立穴四十丈之中即曲部之水已不出子息下位當錯差錯而位不差錯知能興福除禍蓋穴為太極兼陰陽

穴上逆推到來龍以補四神之不及穴上是龍穴内即向也

要求富貴三般卦出卦家貧乏寅申巳亥水来長五行向中藏辰戌丑未叩金龍動得永不窮若還借庫富後貧自庫樂長春

前篇甲庚丙壬一節是四正之卦此節又補四隅之卦觀此則支水去来凶之訣當活看不可死看知辰戌丑未雖俗云四庫其實玄空不重墓庫之説借庫

五行之所根與坐向當有分而向有重於坐：是乘之向是收之坐即彼得謂耶乎我向則我能控御乎彼凡遇父母之小曲水當坐之為內氣若是乎想必當向之作照神故楊公於寅申巳亥之水特表而出之曰五行向中藏要之偏然既經控御使不犯煞雖引而歸之坐後亦可也直為靜曲為動辰戌丑未之水與寅申巳亥同論

辰戌丑未之水即於辰戌丑未方入口所謂自庫也若入口不在本卦則為借庫矣楊公但言入口不言出口但言入口宜合元不言出口宜在庫因世俗取向生向旺而消水於墓庫故假自庫借庫以曉之

星起何方起此非按星乃應星也不貴形体整秀最忌凶惡火旆捍門官國華表皆應星之佳都下文四位指此四位皆在外垣節主窩俱強下穴時原不必論彼之生旺煞彼之為福於我即必在生旺之儀無論山水皆同此例

按郭氏葬經有形應二字蓋有是形即有是應乃知

出卦也自庫不出卦也是重在出卦不出卦不重墓庫也

大都星起何方起五行長生旺火旆相對起高岡職位在學堂捍門官國起華表山水亦同例水秀峰奇出大官四位一般看

家秘本

極印煞之妙非有回風迎氣之可窺也

若傳真正坎離交媾三元不敗之力局則八方之水但名之為寶蓋鳳閣金枝玉葉而無罡刼吊煞之嫌以本即坐旺無以復加也

縣府以喻陰陽二宅丙壬亥世俗所尊稱故舉以為言狀非倒排父母以養護龍神亦無益也

此節言水上星辰即山上星辰只要得生旺之氣在山在水一同論也

坎離水火中天過龍墀移帝座寶蓋鳳閣四維朝寶殿登龍樓罡刼吊煞休犯著四墓多銷爍金枝玉葉四孟裝金廂玉印藏

坎離水火一句乃一章之所重其餘星宿總是得生旺則加之美名逢死絕則稱為惡曜名非有定星隨氣變者也

帝釋一神定縣府紫微同八武倒排父母

天星不空
藝濟空改
刼為結

北斗七星謂離水離宮謂坎水言坎龍必兼收離龍以包裹地氣且可免下元二十年退運也離宮相合天然者多但人自不察耳觀寶照所云兩水相交夾一龍方知其義

北斗七星二卯即坎離水火中天過

養龍神管貴萬餘春

帝釋丙也八武壬也紫微亥也帝釋之神最尊故以縣府名之其實陰陽二宅得此貴之極矣然其妙用在乎御排非正用也

識得父母三般卦便是真神路北斗七星去打刦離宮要相合

上二句引起下文之義言識得三卦父母已是真神路矣猶須曉得地北斗七星

水長百里數折不出宮也水短一折便出宮也吉神凶神皆以父母為最

打刼之法則三般卦之精髓方得而最上一乘之作用也北斗云何知離宮之相合即知北斗之義矣

子午卯酉四龍岡作祖人才出水長百里佐君王水短便遭傷

取子午卯酉以其父母氣旺也言四正則四維可以類推矣水短遭傷以見出卦之故

識得陰陽兩路行富貴達京城不識陰陽

龍即零神。向即正神。前一丈後一丈皆可兼之。不獨父母可兼子息。即子息亦可兼父母。若同是子息之兩兼乎。干而兼支。此乃時師之情也。代代絕除根者也。

兩路行。兼丈尺坑深。此即顛倒顛之義。皆上文所已言而咏嘆之。

前兼龍神前兼向。聯珠莫相放。後兼龍神後兼向。排定陰陽算。明得零神與正神。指日入青雲。不識零神與正神。代代絕除根。

龍神向前。皆有兼前兼後之法。兼者父母兼子息。子息兼父母。此即正神零神之義。

觀倒排父母是真龍。可知上文前兼龍神。指水而言知。

順排父母到子息。謂從水裏順排。

一龍宮中水便行。言貼穴止有一折之水。而龍已出卦也。四三二一龍逆去。言貼穴正當第四折之水。由第四折逆行至第一折。龍不出卦也。龍行遠位主離鄉。回位發經商。遠位即出卦。回位謂轉身仍不出卦。

倒排父母是真龍。子息達天聰。順排父母到子息。代代人財退。

父母子息。皆須倒排而不用順排。如旺氣在坎癸。倒排則不用坎癸。而得真旺氣。順排則真用坎癸。而反得殺氣矣。似是而非。毫釐千里。玄空大卦。千言萬語。惟在於此。

一龍宮中水便行。子息受艱辛。四三二一龍逆去。四子均榮貴。龍行遠位主離鄉。回

回位之回。坊本訛作四。

一二三四。由入口數至穴場而定其序也。四三二一。由穴場看到入口而循其序也。在時師或以右旋出口為逆去。在楊公則皆謂之順來。此特因四三二一而姑襲用其言耳。

下半圖

丙午

上半圖

回位

遠位

時師畧知元運。不分龍水。則空東而反求之西。宜北而反求之南者多矣。註謂東邊財穀二句即江南龍來江北望之意。恐非是。

滅蠻經之節三元久矣。自偽書出而世之以訛傳訛

位發經節。

此節又申言本卦水須折折相顧。若一折之後。便出本卦。雖然得發。必受艱辛矣。必三四節。逆去。皆在本卦。乃諸子齊發也。遠位。即出卦。一出卦。即主離鄉。若出卦之後。又還歸本卦。反主為商得財而歸。其應驗之不爽如此。

時師不識挨星學。只把天心摸。東邊財穀引歸西。北到南方推。老龍終日卧山中。何

家秘本

者多矣。故嘆之。

嘗不易逢。止是自家眼不的。亂把山岡覓。東邊財穀二句托喻。即江南龍來江北望之義。玄空妙訣也。嘆惜世人不得真傳。胡行亂起。肯哉言乎。

世人不知天機秘。泄破有何益。汝今傳得地中仙。玄空妙難言。翻天倒地更玄玄。大卦不易傳。更有收山出煞訣。亦兼為汝說。相逢大地能幾人。個個是知心。若還求地不種德。隱口深藏舌。

篇中並敘授受之意。深戒曾公安之善寶之也。結語歸重於種德。令之得傳者不慎擇人。輕洩浪示。恐雖得善地。不能實受其福矣。而洩天寶者。重違先師之戒。其不干造物之怒。而自取禍咎者幾希矣。

天玉經終

訂正楊公寶照經序

古今知地理之人。間世一出。其書罕傳於世。自青囊青烏而外。寥寥寡聞。其開闢闡奥啟廸後人數千年來楊公一人而已。有唐黃巢之亂。京師失陷。公獲秘書於内府。因得徹陰陽之秘。其著為篇章。發明自得之旨。流傳於世。若天玉經。撼龍經。疑龍經。青囊奥語。其最著也。予去公又千餘年。幸而得公真訣。嘆地理之學。世無人知。而偽書充棟。流毒天下。惟幸公之真書猶在。可與所傳之訣符契相從。用以表信。惜其書為世人錯解。嘗思自為傳註。校正厥謬。荏苒風塵。未克從事。間與當世明哲之流究晰此義。未嘗不樂申公旨也。曾從世本之外。又得遍地鈴一篇。以為公之遺書。庶幾盡此矣。癸卯過丹陽。友人張明我。又出寶照經三卷。質其眞偽。予一見而定為眞楊公所作。問其所從來。蓋得之術者楚中黃君。雖未嘗剞劂行世。其轉相傳寫以及於今。歷世久矣。嗚呼。寶器干將。沉埋古獄。龍文燭〻。上徹於天。不逢。拂拭。孰睹。非。常。公之為書。高矣美矣。世之有是書者。曾未之知。予。因。先。得。公。之。訣。而。後。見。公。之。書。故。目。之。所。寓。默。契。諸。心。心。之。所。會。能。喻。諸。口。入。曲。探。微。豁。然。無。滯。有似豊中故老。乍來新邑。放雞犬於道。競識其家。不自知其身之非舊所也。舊註并圖例。為不知者妄意補綴。予悉刪去之。即以向所得訣與門人姜生。依文訓解。辨難周悉。雖去公千餘年。無異晤對。一室相視。莫逆。夫亦可以不憾矣。夫地理之道。指歸於一。世人不知途徑紛出。以為某家五行。某家作法。所由偽訣滋多。而古先聖賢之心法。寖以流失也。此書所言。與天玉諸篇。文雖不同。未始有異義。豈惟楊公之書。無異。即上而青囊青烏管郭諸家。下而陳圖南賴布衣劉青田幕講僧。數千年來。通人謫士。茍得天心正訣者。皆無異也。凡楊公書。辭不雅馴。而天機發越。浩爭有一往之氣。於群書之中。推文較義。自成一家言。槩非他人所能擬似。予於

楊公不特能辨之以訣而并能識其為文輙敢自附於真知公者也後學杜陵蔣平階大鴻氏敬撰

都天寶照經　唐楊筠松著

杜陵中陽子蔣平階大鴻氏傳

會稽門人姜垚汝皐氏叅

上篇

楊公妙應不多言。實實作家傳。人生禍福由天定。賢達能安命。貧賤安墳富貴興。全憑龍穴眞。龍在山中不出山。掛在大山間。若是砂曲星辰正。収得陽神定。斷然一葬便興隆。文發子傳榮。

家秘本

蔣氏曰此一節專論深山出脈老龍幹氣生出嫩枝之穴

好龍脫劫出平洋百十里來長離祖離宗星辰出此是眞龍骨前途節節出兒孫文武脉中分直見大溪方住手諸山皆不走個個回頭向穴前城郭要周完水口亂石堆水中此地出豪雄若得遠來龍脫劫發福無休歇穴見陽神三揖朝此地出官僚不問三男并五子富貴房房起津湖溪澗

離祖離宗星辰出即落頭定有一星辰非火土即金也此是真龍骨謂星辰皆石骨也兒孫謂旁枝文武謂東西其中間一脉直見大溪方住手即下文穴見陽神三揖朝大水大湖齊到處見水方能止也此節當分三節好龍至出豪雄為一節若得遠來至榮華斷為一節大水至說與君聽為一節蓋反覆言之砄石即羅星高山即城郭水口亂石乃真龍之餘氣餘氣如此則結穴之正氣可知故以為出豪雄非取亂石鎖水便不奔旋也穴見陽神三揖朝非山上龍神忽然下水也即水可以驗山大水三揖於穴前其為正龍之盡結可知故曰此地出官僚津河溪澗同此看謂無論水之大小皆可以驗龍氣之結此等水法不必合元山是來氣水是照神各有所旺之元皆可發福

零陰正陽。山法亦坐零向正。故謂向前之水為陽神。軍州大地。謂如此大地。乃軍州不可多得者也。軍州見下節註中。

同此看。衣祿榮華斷。大水大河齊到處。千里來龍住。水口羅星鎖住門。似大將屯軍落頭定。有一星形非火土。即金正脉落平三五里。見水方能止。二水相交不用砂。（本身）只要石如麻。更看硤石高山鎖。密密來包裹。（外護）此是軍州大地形。細說與君聽。

蔣氏曰。此一節專言大幹傳變行龍盡結之穴。謂之脫刼龍。又名出洋龍。雖云城郭要周完。總之城郭都在龍身上見不必於穴上只見盖龍到脫劫出洋雖衆山擁衛而行前數節群枝翼張羽儀簇簇至於幾經脫卸之後近身數節将結穴時龍之踪跡愈變而龍之機勢愈疾此非左右二砂所能幾及往往龍只单行譬之大將匹馬单刀所向無前一時偏裨小校都追逐不及所以有不用砂之說也高山不甚重水獨此等龍穴以水為證者何與山剛水柔水隨山之行

以為行山不隨水之止以為止而云直見大溪方住者非謂山脉遇水而止也正因山脉行時水不得不與之俱行則山脉息時水不得不與之俱息故幹龍大盡之地自然兩水交環有似乎千里来龍遇水而止也既云不用砂而又云密密包裹者何也夫結穴之處雖不取必於兩砂齊抱要之真龍憩息之際定不孤行外纒夾輔隱隱相從水口星辰

家秘本

有時出現大為硤石小為羅星近在數里遠之二三十里皆不可拘前所謂砂指本身龍虎而言後所謂鎖指外護捍門而言也只要石如麻則不止謂水口而已正言本身結穴之地葢幹龍剝換數十節其渡水崩洪穿田過峽不止一處若非石骨行龍何以見真龍結體今人平地墩阜悞認來龍指為大地正坐此弊也凡去山數里即有高阜或由人

工。或出天造。既無真脉相連。又不見石骨稜起。總不謂之龍穴。所以落平之龍。重起星辰。必要石如麻也。有石脉乃為。真。龍。有。石。穴。乃。為。真。穴。山龍五星皆結穴。其云落頭一星。獨取火土金者。大約近祖枝龍。宛蜒而下。都結水木。出洋幹結。踴躍而起。都作火土金。雖不可盡拘。而大體有如是者。前章一葬便興。必發子榮。是言、山、中、枝、結。龍稱而局窄。往往時師於陰陽二宅。每求後頭實地之龍。故駁之曰。天下軍州揔住空。何曾撐着後頭龍。又以軍州處水神環繞之中。引起穴場。亦在水動地靜之中。即太極篇所謂以水之太極為穴之太極也。苟舍卻到頭一節。於何辨之。此只說攀騎二穴。到頭之水。有中間傍水之地。亦有中間求水之中間。

易發。此章言發福無休歇。五子房〻起。是言出洋大盡。龍老而局寬。往〻發遲而久長。意在言表也。

姜氏曰。前章言山谷初結之穴。此言出洋盡結之穴。山龍之法雖不盡於此。而大畧已備於此矣。

天下軍州總住空。何曾撐着後頭龍。只向水神朝處取。莫說後無主立穴。動靜中間求。須看龍到頭

家秘本

以求地之中間。而穴可立矣。此是說挾龍穴水地不相離。凡龍腹穴。水於此處轉。則地氣必於彼處入。凡龍頭穴。水自此而止於彼。則地氣必自彼而泊於此。此蔣註。所謂玄竅相通者也。

蔣氏曰。此節以下。皆發明平洋龍格。與山龍無涉矣。楊公唐末人。唐之言軍州。猶今之言郡縣也。蓋以軍州為証。見城邑鄉村。人家墓宅。凡落平洋。並不論後來龍脉。但取水神朝繞。便為真龍憩息之鄉。夫地。靜物也。水。動物也。水之所止。即是地脉所鍾。一動一靜之間。陰陽交媾。雌雄牝牡。化育萬物之源。所謂玄竅相通。即丹家玄關一竅也。此便是龍之

山之穴星曰火土金水之穴星曰水土金山水之烝殊也。從脊脈下盤龍骨方見節節同行謂父母無子息而行子字出脈子字尋莫教差錯丑與壬　壬字兼亥在內此是看曲水之法　引起下三節就攀騎二格以明元運貪狼本和而曰水為貪狼土為巨門金為武曲者蓋本方位之坎貪坤巨乾武以名形局之星辰也看脈猶畧看脊乃詳星辰既合方轉身覆看其出脈之脊如坎水必脊在子上為貴苟脊在癸上必差錯子丑脊在壬上必差錯子亥壬癸非差錯以其為脊而差錯也此楊公格龍之至寶不輕漏洩者青囊序云先看金龍動不動即此節到頭要分水土金次察血脈認來龍即此節又從分水脊脈處便把羅經照出路學者詳之

家秘本

到頭也識得此竅則知平洋真龍訣法而楊公之寶照之秘旨盡矣

楊公妙訣無多說因見黃公心性拙全憑掌上起星辰類聚裝成為妙訣大山喚作破軍星五星所聚脈難分但看出身一路脈到頭要分水土金又從分水脈脊處便把羅經照出路節節同行過峽真前去必定有好處子字出脈子字尋莫教差錯丑與壬若是陽差與陰錯勸君不必費心尋

大水汪洋浩漫。不能察其骨子。斷其何龍。故曰五星所聚脈難分。

蔣氏曰。自此章以下。皆楊公平洋秘訣。字字血脈。字字金針。口口相傳。天機鈐訣者。未許執語言文句方寸羅經。而妄談二十四山八卦九星之理也。苟得口傳心受。則雖愚夫稚子。可悟楊公心訣。不得口傳心受。縱智過千夫。讀破萬卷。何能道隻字耶。此書乃楊公當日裝成掌訣。傳與黃居士妙應者。大山喚作破軍星。言水法渙散迷茫之

家秘本

處。五星混雜。出脉未見分明。概名之曰破軍而不入龍格。只取龍神一路出身之脉。其脉又分水土金三星。合貪巨武為吉。而餘星皆所不取。此三星者。乃形局之星。非卦爻方位之貪巨武也。學者切莫悞認。自分水脉脊以下。乃屬方位理氣矣。故云便把羅經照出路也。蓋看得水神龍脉既合三吉星格。其地似可取裁。乃將指南辨其方位。以定卦之合不合也合卦則用之不合卦仍未可用也節節同行卦無偏雜乃許其為過脉峽真而知前去定有好穴不然則行龍先見駁雜到頭何處剪裁子字以下乃直指看龍訣法而舉坎卦一卦為例若出脉是子字須行龍只在子字一宮之內乃為卦氣清純如偏於左而癸與丑雜是子癸一卦而丑字又犯一卦也如偏於右而壬與亥雜是壬子一卦而亥

午丁酉辛固當一路同行而註以為同中微異者必午午兼丁丁酉酉兼辛而同到方能穴于坎震弃輔星亦必之以成五吉若丁兼午辛兼酉而同到則半穴于艮宮巽宮而無所用之然則真龍可易得乎若有山水一同到半穴乾坤艮巽宮半字須認若從子午卯酉出脉與癸丁乙辛同到穴同在坎離震兌宮也惟癸丁乙辛出脉則穴雜于乾坤艮巽宮矣蔣註云觀一路同三字同中微異須加剖別意在此也註又云末一句輔星五吉指天元宮最清者言此語極精微蓋天元龍以地元龍為輔弼地元龍神當天元時已無餘氣萬萬不可收入內局一收入內局便犯本元煞炁又如內局龍神短淺主弱不能制賓雖置輔弼于外宮知所嬙也惟攀騎二格曲水向穴而來到穴時灣環必更長大轉為界水界水即是輔星

字又犯一卦也此為卦中之陽差陰錯非全美之龍故云不必費心尋也

子癸午丁天元宮卯乙酉辛一路同若有山水一同到半穴乾坤艮巽宮取得輔星成五吉山中有此是真龍

蔣氏曰此承上節羅經照過峽詳言方位理氣即天玉玄空大卦之作用也其法分子午卯酉為天元宮寅申巳亥為人元宮辰戌丑未為地元宮隱然天元

既不處外局。亦不占內局。主。強。賓。伏。對。待。有。情。此。氣。之。最。清。而。不。愧。為。真。龍。者。也。若掌足之形。界水直過。無回抱之勢。不得為輔星。亦不得為真龍。又真龍以天然而得名。可見天元一條。於止水之開鑿修補。尚未言及也。天元之龍。三元並旺。而註謂收得輔星。可兼兩元龍力者何也。天元與地元。相對相反。坎龍必替於離運。坤龍必替于艮運。震龍必替于兌運。隨其所收之龍。而取彼之輔星以佐扶不逮。謂之兼兩元龍力。正明其三元不敗也。惟三元不敗。所以為五吉。

坎龍兼離弼。坤龍兼艮輔。可以三元不敗。故曰坎坤不替。震龍亦可兼兌破。然不過百二十年。故兌破不在五吉之內。

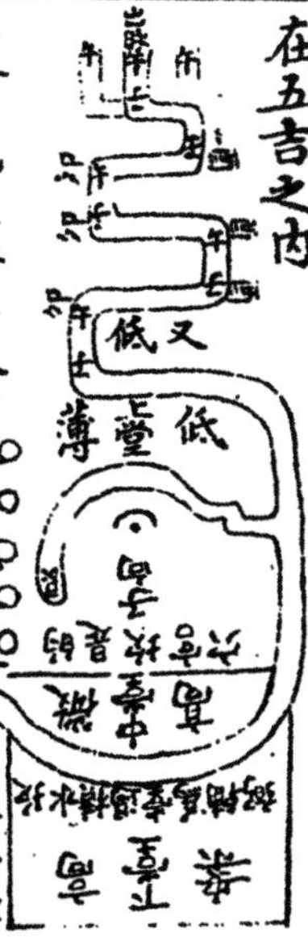

小水右抱至艮穴後小水。由。兌。入。震。艮水能化輔弼煞。尤妙

龍。骨。所。存。不可不慎。頤我欲留

之妙理。引而不發。欲使學者得訣方悟。其敢妄洩天機。犯造物之忌哉。此取四仲之支為天元宮者。非此四支皆為天元。乃謂此四支之中有天元者存也。而其本文又不正言子午卯酉乙辛丁癸。必錯舉子癸午丁卯乙酉辛者。此其立言之法。已備出脉審峽定卦分星之容。旨。觀一路同三字同。中。微。異。須加剖別。已在言外。下文乃全露其機云。此八宮

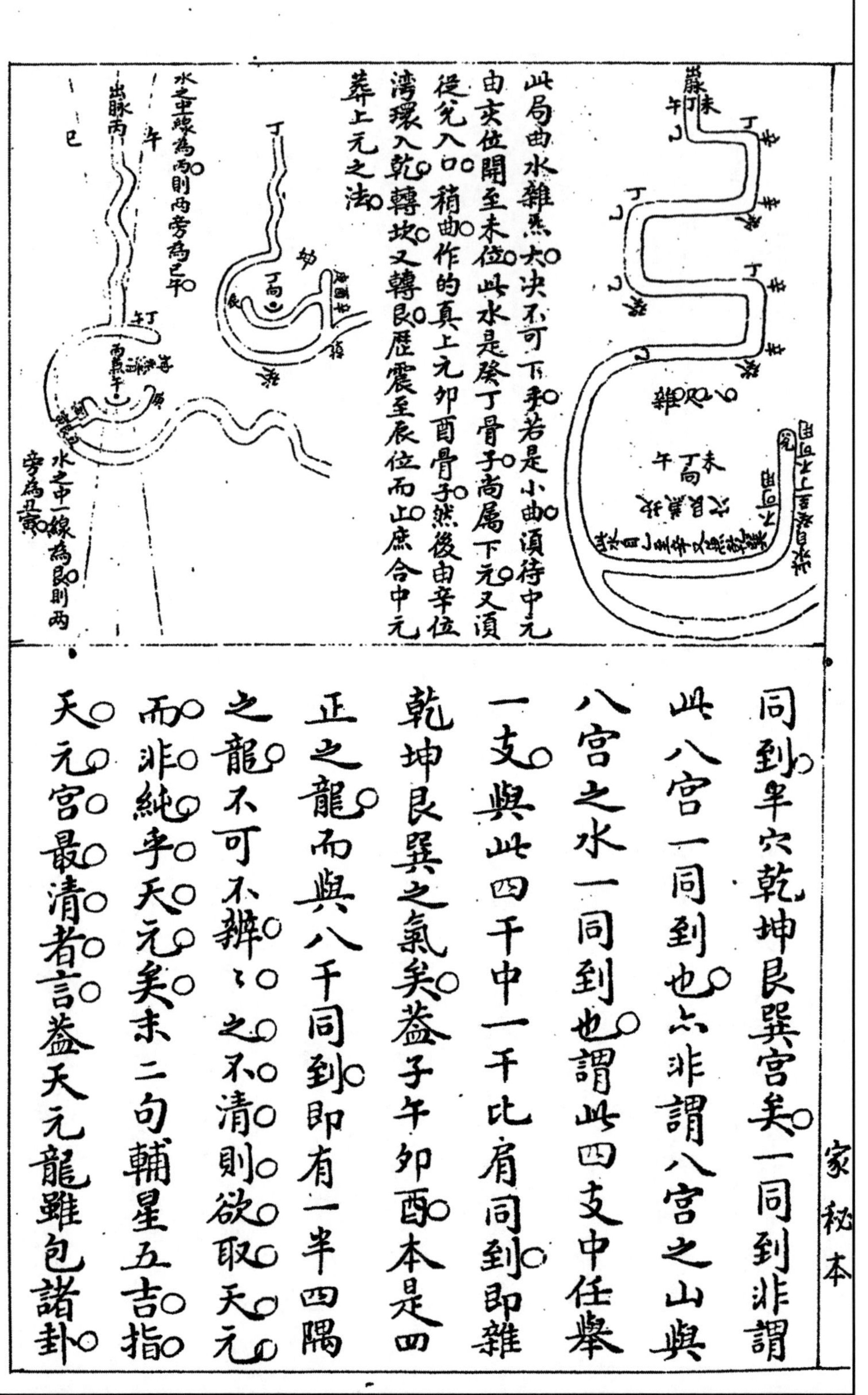

此局曲水雜亂大決不可下手若是小曲須待中元由亥位開至未位此水是癸丁骨子尚屬下元又須從兌入口稍曲作的真上元卯酉骨子然後由辛位灣環入乾轉坎又轉艮歷震至辰位而止庶合中元葬上元之法

同到牢穴乾坤艮巽宮矣一同到非謂此八宮一同到也亦非謂八宮之山與八宮之水一同到也謂此四支中任舉一支與此四干中一干比肩同到即雜乾坤艮巽之氣矣蓋子午卯酉本是四正之龍而與八干同到即有一半四隅之龍不可不辨辨之不清則欲取天元而非純乎天元矣末二句輔星五吉指天元宮最清者言蓋天元龍雖包諸卦

入穴水口要的真艮坤方救得向上雜氣。坤位雖在穴前不妨畧高然其炁與艮水相接不可以房屋掩蔽。

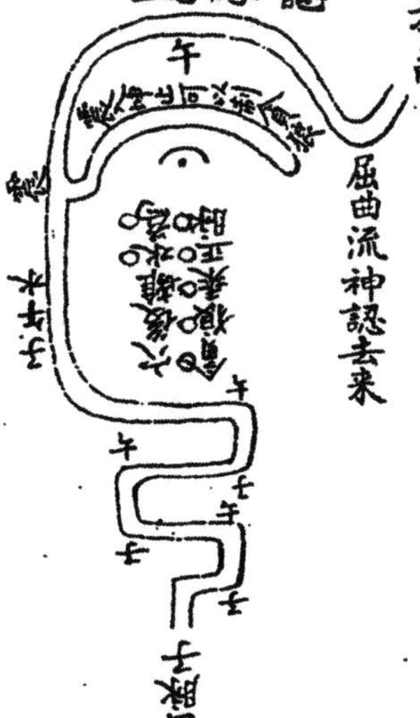

若是騎龍則此水為貪狼取正向。

屈曲流神認去来

貪狼卦氣未值則受旺氣尅化而下元龍神之根本不揺貪狼卦氣過中元方退則下元之源長流遠自若也。

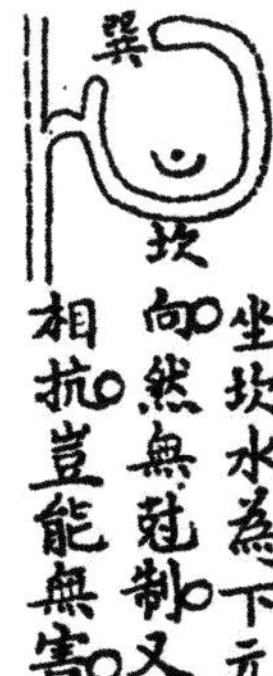

巽

坎

坐坎水為下元局雖取貪狼為正向然無尅制又穴後無曲水賓主相抗豈能無害。

而九星止有三吉恐日久發泄太盡未亂衰微故須兼收輔弼宮龍神合氣入穴以成五吉然後一元而兼兩元龍力悠遠不替矣故目之曰真龍極其贊美之辭也此節言山者皆指水蓋平洋以水為山水中即有山矣輔星是九星中左輔右弼蓋有二例一則九宮卦例以一白配貪狼二黑配巨門三碧配禄存四緑配文曲五黃配廉貞六白配武曲

七赤配破軍。八白配左輔。九紫配右弼。此天玉經玄空大卦之定理也。一則八宮卦例。將輔弼二星并一宮。分配八卦。製為掌訣。二十四山系於納甲之下。互起貪狼為立向消水之用。陽宅天醫福德亦同此訣。竊以之彰往察來。皆無明驗。蓋即天玉所辨二十四山起八宮。唐一行所造。後人指為滅蠻經者也。二說真偽判然。不可悞認。五吉即三吉。蓋形局九星以水土金三星為貪巨武三吉而輔弼為入穴收氣之用方位九星亦有三吉雖以貪狼統龍而每宮自有三吉不專取巨武此節天元宮兼輔為五吉中有隱語非筆墨所敢盡既云五吉則分輔弼作兩星以配九宮其非八宮之訣明矣若在人地兩元別有兼法見諸下文此節以下所舉干支卦位俱帶隱謎若從實推詳不啻說夢非楊公言

楊公不滿地元故以四隅之辰戌丑未言之然世俗每以丑艮為夫婦辰巽為夫婦其實辰與戌丑與未相為夫婦而乾坤艮巽獨為之宗則下元三卦亦以父母為貴可知下文甲庚丙壬便可作子午卯酉看脉取貪狼見前圖

甲庚壬丙為正向脉取貪狼護正龍或云坎水為下元正龍若坎之旁二支水不盡占則實地足以留貪狼之脉而為正龍之護矣愚謂楊公從無實地求龍之說況水旁之地只是水氣不得以天陽目之揔之下元兼宮初無別法或離上有抱水或離上有陰來或坎龍發足震龍轉關離龍入首皆是也然此處與上下文為例只指抱水陰水前註云人地兩元別有兼法言人元以天元為輔弼地元以貪狼為輔弼非如天元之取真輔弼為輔弼也

上元龍力本厚故坤震各取對面輔星以成五吉下元龍力本薄故兌艮雖有對面輔星亦不能救敗惟外之真旨矣

辰戌丑未地元龍乾坤艮巽夫婦宗甲庚丙壬為正向脉取貪狼護正龍

蔣氏曰此取四季之支為地元龍者亦謂此四支中有地元龍者存也此四支原在乾坤艮巽卦內故曰夫婦宗此元氣局逼隘不能兼他元為五吉上取貪狼一星真脉入穴護衛正龍根本則卦氣未值其根不搖卦氣已過源長流遠

家秘本

以貪狼一脈為貴。註言此與天人兩元廣收五吉者有殊是也。

下元坎上曲水。作大灣從離上過。立子向。穴後鑿一止水。從坤申入。止於甲卯。其斜受之八尺。固不雜也。中藏丙午丁水。在本元亦隨甲卯坤申同引坎宮之水。生尅制化須熟記。意蓋在此。至上元丙午丁水得令。亦能救敗。若震上有曲水。須從離上轉過兌上而去。立穴卯向。止水入自坤申盡於戌乾。或壬子中藏庚酉辛水。至上元得令時。亦能與離水為援。所謂同氣相求也。二者皆脈取貪狼之作法。然立向須從堂局。不能盡以父母為拘。

上云山中有此是真龍。專就生成者言也。此云脈取貪狼護正龍。則兼就開鑿者言矣。

註云卦氣未值。其根不搖。卦氣已過。源長流遠。卦氣謂貪狼根源謂正龍。

惟主卦得令之時。賓為之用。斯主卦失令之時。賓為之援。主賓強弱之勢。不可不辨。

中元乾巽兩宮各有曲水。方合中黃上格。若但一宮

斯為作家妙用。貪狼即在甲庚壬丙之中。故但於此取正向。乘正脈。與天人兩元廣收五吉者有殊。不言輔星。輔弼已在其中故也。楊公著書。泛論錯舉之中。其金針玉線一絲不漏蓋如此。

寅申巳亥人元來。乙辛丁癸水來催。更取貪狼成五吉。寅坤申艮御門開。巳丙宜向天門上。亥壬向得巽風吹。

蔣氏曰。此四孟之支。亦屬四隅卦。此四

有水猶為次格也。上元龍氣於中元正發，故可於內局收之。

註總觀三節文義一段，就楊公之錯舉而不亂，以正雙山五行干支相配之非。

中元明取貪狼，其發不遲；下元暗取貪狼，其發稍遲。要之九紫運中貪狼不得而與也。明取貪狼，幹水包支水也；暗取貪狼，旺水包衰水也。皆母抱子之象，故於本元即以生貴子許之。

觀節末二句，乃知節首一句當是艮坤巽乾人元来也。然既以寅申巳亥為四正，遂以乙辛丁癸為四隅，明其四面有水，為中黃之局。若是壬亥来脉，宜立亥向，則更取貪狼小水以成五吉。若是巳丙来脉，宜立巳向，則更開寅坤申艮之門以收納之。然畢竟是偏氣，不若父母来脉為妙。

註曰巳屬巽而反曰天門，亥屬乾而反曰巽風，顛倒裝成，其托意微而且幻。所謂托意微者，以偏氣宜向不宜坐也。不然，註何不即以向天門為亥向、巽風吹為巳向。

卦中有人元龍者存也。天元之後即應接人元。楊公因三才三正之序，顛倒錯列，亦隱秘其天機，使人不易測識耳。此元龍格，亦必兼貪狼而後先榮後凋。若不兼貪狼，慮其發遲而驟歇矣。用乙辛丁癸水催之者，謂四水中有貪狼也。此宮廣大兼容，故旁及坤艮，亦所不礙。故曰御門開。若是巳丙壬亥相兼，則犯陰陽差錯之龍矣。法宜去丙就巳，去壬就

家秘本

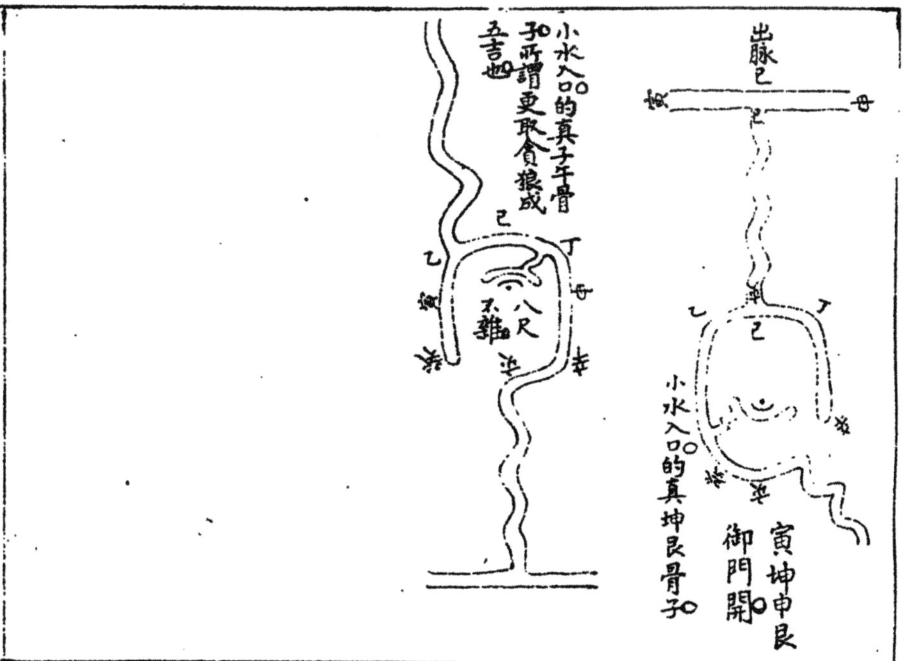

出脉巳

小水入口的真坤艮骨子

寅坤申艮御門開

小水入口的真子午骨子所謂更取貪狼成五吉也

八尺不雜

夾以清乾巽之氣此則專為人元辨卦而言處處欲要歸一路葢一路者當時直達之機兼取者先時補救之道不直達則取勝無選鋒不補救則善後無良策二者不可偏廢也總觀三節文義子午卯酉配乙辛丁癸辰戌丑未配乾坤艮巽為夫婦同宗而寅申巳亥獨不配甲庚丙壬為夫婦則其本意不以甲庚丙壬屬寅申巳亥可知矣此正合天玉

家秘本

玄空大五行作用。而非十二支配十二干為一路之俗說也。故不曰寅申坤艮。而曰寅坤申艮。非以寅為坤。以申為艮也。巳屬巽而反曰天門。亥屬乾而反曰巽風。顛倒裝成。其託意微而且幻。類如此。至其立言本旨。不過隱然說出陰陽交互之象。然篇中皆錯舉名目。不肯分明。至後節主客東西方露出端倪。而終不顯言。先賢之慈慎如此。使我有浪泄

天機之懼矣○

貪狼原是發来遲○坐向穴中人未知○立宅安墳過兩紀○方生貴子好男兒○

蔣氏曰、貪狼諸卦之統領○得氣先而施力遠○何云發遲○此言人地兩元兼收之脉○不○當○正○卦○傍○他○涵○蓄○故○力○不○專○是○以○遲○也○兩紀約畧之辭○生貴子○正見誕育賢才○以昌世業○隱○含○悠○久○之○義○非若他宮一卦乘時○催官暫發之比○若夫應之

家秘本

遲速○是不一端○烏可執此為典要也○

立宅安墳要合龍○不須擬對好奇峰○主○人○有○禮○客○尊○重○客○在○西○兮○主○在○東○

蔣氏曰山龍真結○必對尊星而後出脉○或迴龍顧祖○或枝幹相朝○先有主峰○乃始結穴○故必以朝山為重○非重朝山○正重本身出脉真偽也○平洋既無来落○但以水城論結穴○水自水○山自山○雖有奇峯○竝非一家骨肉○向之無益○故只從立

山水之交媾山字只作地字看

穴處消詳堂局收五吉之氣謂之合龍而不以朝山為正案也末二句乃一篇之大旨精微玄渺之談所謂主客又不止於論向而指為龍為主人向為賓客也主客猶云夫婦實指陰陽之對待山水之交媾一剛一柔一牝一牡玄竅相通皆在於此言有此主便有此客有此客便有此主主客雖云二物實一氣連貫如影隨形如谷答響交結根原一息

家秘本

不離非謂既有此主乃更求賢賓以對之也東西葢舉一方而言亦可云主在西兮客在東亦可云主在北兮客在南主在南兮客在北八卦四隅無不皆然所謂陰陽顛倒顛也自天下軍州至此統論平洋龍法其中卦位干支秘訣總不出此二語故於結尾發之以包舉通篇之義學者所當潛思而曲體之者也

姜氏曰寶照發明平洋龍格開章直喝

天下軍州總住空○何曾撑著後頭龍○大聲疾呼○朗吟高唱○此○為○楊公○撰著○此○書○通○篇○眼○目○振○綱○挈○領○之○處○不可泛泛讀過○蓋平洋龍格○舉世所以茫然者○只因俗師聾瞽○將山龍溷入○無從剖辨○觸處成迷也○平洋之作法既迷○并山龍之真格亦謬○失其一○并害其二矣○楊公苦心○喝此二語○醒人千古大夢○使知平洋二宅○不論坐後來脉○凡○坐○空○之○處○反○有○眞○

山以山脉為胎息孕育。水以水脉為胎息孕育。山水皆有形之陰。而皆有以招攝無形之陽。本非相反也。第以山之脉自上而下。水之脉自下而上。故山必坐實。向空。乃能接脉。而水則反。是所以謂之相反耳。學者勿得錯解。而概謂山龍水龍截然相反也。

家秘本

龍坐實之處反無真龍與山龍之胎息孕育截然相反欲學者從此一關打得透徹更不將剝換過峽高低起伏馬跡蛛絲草蛇灰線等字纏擾胸中只在陰陽大交會處悟出真機而後八卦九星干支方位以次而陳絲絲入扣平龍消息始無罣漏之虞平龍既無罣漏而山龍亦更無罣漏矣倘不明此義只將後龍來脉膠葛糾纏則造化真精何從窺

見。雖授之以八卦九星之奧。亦無所施也。窮年皓首。空自茫茫。高山平洋。摠歸魔境。我於是益嘆楊公度人心切也。後篇所以覆舉二語。重言以申明之。意深切矣。

此篇前十二句為一章。言深山支龍之穴。中三十四句為一章。言幹龍脫煞出洋之穴。此二章皆屬山龍。後四十六句分七節為一章。言平洋水龍之穴。

分明見者猶疑處○言實地高超之脈○即分明可見○究無足憑也○水性下○凡地中有水氣者○必平坦低下○其高突處○皆不沾水氣者也○平洋葬凸之說大謬○平洋之龍○不在於實而在於空○空空則水至○空則水到空則水深○空則水大○皆龍之所以活也○盡是空龍撥擺蹤○已指水龍而言○所謂引而不發也○

中篇

天下軍州總住空○何須撐著後來龍○時人不識玄機訣○只道後頭少撐龍○大凡軍州住空龍○便與平洋墓宅同○州縣人家住空龍○千軍萬馬悉能容○分明見者猶疑處○龍不空時非活龍○教君看取州縣場○盡是空龍撥擺蹤○莫嫌遠來無後龍○龍若空時氣不空○兩水界龍連生氣○穴得水兮何畏風○但看古來卿相地○平洋一穴勝千峰○

蔣氏曰。天下軍州二語。前篇已經喚醒楊公之意。猶恐後人見不眞。信不篤。故反覆咏嘆。層層洗發。窮追到底。罄其所以然之故。又恐概說軍州大勢。尚疑人家墓宅或有不然。故指實而言。軍州如是。墓宅亦無不如是。只勸世人揀擇空龍。切勿取實龍作撑也。所以然者何也。山龍只論脉來。平洋只論氣結。空則水活而氣來融結。實則障蔽而生氣阻塞

子午卯酉四山龍。坐對乾坤艮巽宮。言子午卯酉乾坤艮巽八宮。皆互相坐對而為龍也。八卦五行以乾卦領震坎艮三男而屬陽。坤卦領巽離兌三女而屬陰。其義誠善。然據其陰陽而謂巳丙申庚一氣。亥壬寅甲一氣。則方隅混雜。而差錯不可勝言矣。總之造化不外陰陽。陰陽莫非對待。河圖以數之序。相對待也。洛書以數之成。相對待也。文王八卦以卦相對待也。伏羲八卦以爻相對待也。而先天即有氣。後天乃

家秘本

肉眼但見漭漭平田。毫無遮掩。疑為坐下風吹散氣之地。不知水神界抱陽氣。冲和。平洋之穴。無水則四面皆風。有水則。八風頓息。所謂氣乘風則散。界水則止。古人之言。正為平洋而發也。

子午卯酉四山龍。坐對乾坤艮巽宮。莫依八卦陰陽取。陰陽差錯敗無窮。百二十家渺無訣。此訣玄機大祖宗。来龍須要望龍穴。後若空時必有功。帝座帝車並帝位。帝

有位地理之用本河圖與伏羲八卦以明天為陽地為陰有陰必有陽以求之有陽必有陰以應之本洛書與後天八卦以明陽在此則陰在彼陽在彼則陰在此惟位有方陽之辨斯氣有方陽之分八卦五行以先天之氣而參後天之位豈有當哉

來龍須要望龍穴後若空時必有功言穴後有水斯穴前有龍亦對待之義

宮帝殿後當空萬代侯王皆禁斷予今隱出在江東陰陽若能得遇此蚯蚓逢之便化龍

蔣氏曰此明八卦之理即前子午卯酉屬坎離震兌四卦乾坤艮巽又四卦之義也所謂坐對非指山向蓋四正卦與四隅卦兩兩（各自）相對敵云然也八卦陰陽者指八卦五行以乾卦領震坎艮三男而屬陽坤卦領巽兌離三女而屬陰此

家秘本

先天之體。非後天之用。以之論陰陽。則差錯而敗不勝言矣。談陰陽者百二十家。皆此是彼非。渺無真訣。惟有玄空大卦。乃陰陽五行大祖宗。聖聖相傳。非人勿示也。識得此訣。雖帝王大地。瞭若指掌。特禁秘而不敢言耳。楊公自言既得至道。不敢炫燿於世。故披褐懷玉。抱道無言。然天寶雖秘惜。而救世之心未嘗少懈。曾於天玉經江東一卦諸篇隱出乙辛丁癸之脉。而曰坐向乾坤艮巽位。辰戌丑未之脉。而曰甲庚壬丙葬坟。多以教人立斜出而收斜飛水。而其實不然。蔣公所以謂之隱謎也。乾坤艮巽。即代子。午。卯。酉。字甲庚壬丙。即代乾。坤。艮。巽。字此蓋指一道单纏而言。註云隨便立向。以方圓爲規矩而未甞執一方圓。謂地局。此等地固有水稍偏而局自正者。因局立向。龍氣自合。但就穴上別方位。入首一卦與盡頭一卦之中間。必有不合元之一卦。故曰兼輔而成五吉龍。

其旨。世之好陰陽者。有緣會遇。信而行之。頃刻有魚龍變化之徵也。或云楊公得道之後。韜光晦跡。背其鄉井。隱於江東。侯考。

子。午。卯。酉。四山龍。支兼干出。最豪雄。乙辛丁。癸。单行脉。半吉之時。又半凶。坐向乾(子)坤(酉)(卯午)艮巽位。兼輔而成五吉龍。

蔣氏曰。此皆楊公隱謎。舉四正爲例。若行龍在子午卯酉四支。長流不雜。雖兼。

凡直水與徽曲水之正中恰當父母之正中即為父母单行恰當子息之正中即為子息单行若摺水以横為直便左行右行而非单行单行直水斷不可用必有發足又有入首方可就局取裁本文子午卯酉辰戌丑未皆謂之山其指入首可知若或左或右入首之水是两卦之子息决不可用若是一卦之子息雖屬偏氣然旺重煞輕尚可尅制制化之道在于八

家秘本

帶干位總不出本卦之內其脉清純故云最豪雄也若乙辛丁癸雖屬单行未免少偏即犯他卦所以吉凶叅半也言子午卯酉而乾坤艮巽不外是矣言乙辛丁癸而甲庚丙壬不外是矣辨龍既清乃於諸卦位中隨便立向則又以方圓為規矩而未嘗執一者也

辰戌丑未四山坡（艮坤乾巽）甲庚壬丙葬坟多若依此理無差謬清貴聲名天下無為官自有

只不雜而坐向父母為尤妙又須知發足骨子與入首骨子必須一元若發足之後別有轉瀉然後入首雖不一元而少不敵多反能相助所謂兼輔而成五吉龍也

八卦不是真妙訣駁淨陰淨陽陰山陽水禍百端駁雙山五行得水謂收水然於穴中

水若朝來須得水前後皆是朝穴不專指朝向註云收入玄竅之中謂穴得水而陰陽交媾也

起身路兒孫白屋出登科八卦不是真妙訣時師休把口中歌敗絕只因用卦差何見依卦出高官陰山陽水皆真吉下後兒孫禍百端水若朝來須得水莫貪遠秀好峰巒審龍若依圖訣葬官職榮華立可觀

蔣氏曰此指四隅龍脉而言而舉辰戌丑未為隱謎也謂此等行龍而取甲庚壬丙向者甚衆必須龍法純全向法合吉毫無差謬而後清貴之名卓於天下

也。起身路。正指來龍之路。八卦本是真訣。而悞用則禍福顛倒。故云非妙訣。後章八卦只有一卦通。乃始微露消息矣。收水之法。向云陰用陽朝。陽用陰應。乃卦理至當不易之言。而竟有陰山陽水陽山陰水。反見灾禍者。則辨之不真。陽非陽。而陰非陰也。得水二字。世人開口混說。然非果識天機妙旨。收入玄竅之中。雖三陽六建。齊會明堂。虎抱龍迴。消滴不漏。總未可謂之得水。若知得水真訣。即陰陽八卦之理。示諸斯乎。莫貪遠秀好峰。即上篇已發之義。致其叮嚀之意云爾。

玄機妙訣有因由。向指山峯細細求。起造安墳。依此訣。能令發福出公侯。真向支山尋祖脉。干神下穴永無憂。寅申巳亥騎龍走。乙辛丁癸水交流。若有此山并此水。白屋科名發不休。昔日孫鍾扦此穴。從此聲

玄機妙訣。承上文指平洋水法而言。言擇地者更當向着山地細求此訣也。後天以坎離代乾坤。而乾之一陽。實育乎坤之二陰。故水之為物。與火相濟。與木相滋。與金相涵。與土相比。而有以妙乎五行。易言山澤通氣。乃澤之氣。上通乎山。非山之氣。下通乎澤也。蔣公深知此義。故謂凡有山之水。可以不論山。而有水之山。不能不論水。遇山水相兼之地。而細求水訣。此欲合山水為一。一元非如歸厚錄註山水各一元兩元並發之謂也。從四正支山尋玄空祖脉。而果合旺運。則雖干神下穴。亦可永無憂矣。寅申巳亥之龍。乙

辛丁癸之水。本犯差錯。而科名反藉以不絕者。以能配合玄機。不犯差錯故也。本是玄空父母山脈。而立向於子息之正中。前後八尺不雜。坐足以接山脈。向可以受照神。豈復有差錯之嫌乎。天玉云。雙山雙向水零神。富貴永無貧。夫雙山雙向猶發福于水之零神。況非雙山雙向者乎。

名表萬秋。

蔣氏曰。通篇皆言平洋。此章乃插入山峯者何也。蓋八卦九星。乃陰陽之大總持。故凡有山之水。可以不論山。而有水之山不能不論水。若遇山水相兼之地。未可但從山龍而論。還須細細尋求。穴必合此玄空大卦之訣。而後墓宅產公侯也。祖脈必要支山。蓋從四正而論。下穴立向。則不拘干支矣。此祖脈乃玄空

必有来龍而後可看其坐向字為正穴此来龍已指後空言分作二句一虛一實也州縣官衙此言形局之整亥壬亥為骨而兼乾壬者也巳丙巳為骨而兼巽丙者也范蠡十句皆指小曲水言惟小曲水故不以子息出脉為嫌但合于旺相而為回龍朝祖耑字水則富貴可期矣然畢竟是偏系可向不可坐故明

之祖脉非山龍之来脉也讀者切勿錯認寅申巳亥乙辛丁癸俱屬易犯差錯之龍故曰騎龍走水交流文有殊義無別此山此水而科名不歇者不犯差錯故也孫鍾墓在富陽天子岡本山龍而収富春江長流之水故引為証

来龍須看坐正穴後若空時必有功州縣官衙為格局必然清顯立威風范蠡蕭何韓信祖乙辛丁癸足財豐亥壬聳龍與祖

言依圖取向而註之但以前朝曲水釋之。

格。巳丙酉相一般同。寅申巳亥等五吉。乙辛丁癸四位通。紫緋晝錦何榮顯。三姓五鼎受王封。龍回朝祖玄字水。科名榜眼及神童。後空已見前篇訣。穴要窩鉗脉到宮。試看州衙及臺閣。那個靠著後来龍。砂揖水朝為上格。羅城擁衛穴居中。依圖取向無差悞。不是王侯即相公。

蔣氏曰、後空之旨。屢見篇中。而此章又反覆不已者。蓋後空不但無来脉而已。

家秘本

并重坐下有水乃謂之活龍擺撥而成真空有氣也故首句云坐正穴實指穴後有水取為正坐也古賢舊蹟往〻如此遍地鉗所謂杜甫盧仝李白祖此又引范蠡蕭何韓信總全此格下列諸干支言不論是何卦位只要合得五吉收歸坐後發福如許爾故下文即接回龍顧祖玄字水分明指出前朝曲水抱向穴後乃回龍顧祖之格也神童黃甲必

家秘本

八卦只有一卦通。言穴中只收來龍一卦。非坐之。即向之。乾坤艮巽躔何位。乙辛丁癸落何宮。甲庚丙壬來何地。皆就來龍出脉之一卦言。出脉之一卦。即正坐正

可參矣。篇文又自言後空之訣。已見前篇。然恐後人悞認。只取坐後無來脉。便云有氣。不知穴後必須水抱成窩鉗之形。而後謂之到宮。若但云空耳。非坐水之空。空何貴也。砂揖水朝。羅城擁衛。皆就水神而論。穴居正中。指坐穴也。此節直說出王侯將相大地局法。非泛論也。

天機妙訣本不同。八卦只有一卦通。乾坤艮巽躔何位。乙辛丁癸落何宮。甲庚丙壬

向之一卦星辰流轉要相逢謂入口與晝頭處必與坐向之一卦相逢貼穴入口合元收山法也晝頭合元出煞法也欲收山出煞必下八卦于二十四山起九星于八卦然後能之

一卦通通字宜玩凡正運二十年止于一卦而就一卦通之則為三卦又通之對待則六卦矣談淨陰淨陽者始終惟四陰卦可通談雙山五行者始終八卦皆可通故言只有一卦通使知八卦皆得為一卦而由一卦以通八卦斷不出一卦之外也其意尤在于駁雙山先宗犹云陳語

就十二支分生旺墓以消水天罡為妙訣其于一卦固茫然不省也乾坤艮巽是中爻當問其躔於零位否乙辛丁癸是末爻當問其落于右宮否甲庚壬丙是初爻當問其来于左地否水中八卦星辰流動環轉必與一卦相逢而後可今不知一卦而但謂其水出官貴其水足庄田其水出神童其將據何卦為坐向以消此水乎消水之說蓋就其言而攻之

來何地星辰流轉要相通莫把天罡稱妙訣錯將八卦作先宗乾坤艮巽出官貴乙辛丁癸田庄位甲庚壬丙最為榮下後兒孫出神童未審何山消此水合得天心造化工

蔣氏曰一部寶照經不下數千言皆半含半吐至此忽然漏洩蓋陰陽大卦不過八卦之理而篇中乃云八卦不是真妙訣者正為不得真傳不明用卦之法

故也。而其所以不明用卦之法者。正因泛言八卦。而不知八卦之中。止有一卦可用故也。大五行秘訣。不過能用此一卦。即從此一卦流轉九星。便知乾坤艮巽諸卦落在何宮。二十四干支落在何宮。而或吉或凶。指掌瞭然矣。俗師不得此訣。妄立五行。有從四墓上起天罡。以為放水出煞之用。如何合得八卦之理。夫收得山來。乃出得煞去。不知一卦作用。山既無從收一卦不收。諸卦干支。又何從流轉九星。求純棄駁而消水出煞乎。今人但知二十四山處處可出官貴。處處可旺庄田。處處可出神童而不知二十四位水路交馳。果下何卦。收何山。乃消得此水。出得煞去。夫既不能收山出煞。則其談八卦。論干支。皆胡言妄說而已。何以契合天心而造化在手也。天心即天運。非善氣合天之家不能遇也。

家秘本

大五行所謂一卦。即指天心正運之一卦也。篇中露此二字。其間玄妙。難以名言。楊公雖指出天心一卦之端。而其下卦起星之訣。究竟未嘗顯言。則天機秘密。須待口傳。不敢筆之於書也。

姜氏曰。篇中八卦干支。縱橫錯舉。原非實義。細玩此節何位何宮何地等句。即知經文皆屬活句。非死句也。我師於前篇註中。切戒學者毋得執定方位。意在

城門一訣專指三叉城門即穴體五星之命脈來情之所畢會也收山出煞皆繫乎此

穴體五星只取擬形象方圓尚非真術出脈是行龍小幹之出脈城門是抱穴小枝之入門城門一訣要的真父母的真對待如子午卯酉局上元必自艮至坤下元必自坤至艮與龍身出脈無異故蔣註以為一家骨肉血脈貫通而水發城門須要會之語可恍然矣

上節言行龍此節言入口遠近之序當如是也前云留取教兒孫此云父子雖親不肯說可見不論親疏總要擇賢而與

此爾凡讀楊公書者當知此意非獨寶照而已天玉青囊無不皆然

五星一訣非真術城門一訣最為良識得五星城門訣立宅安墳定吉昌堪笑庸愚多慕此妄將卦例定陰陽不向龍身觀出脈又從砂水斷灾祥筠松寶照真秘訣父子雖親不肯說若人得遇是前緣天下橫行陸地仙

蔣氏曰前章既言一卦下穴收山出煞

之義此章文直指城門一訣楊公此論真可謂披肝露膽矣盖五星之用其要訣俱在城門識得城門而後五吉有用於此作二宅無不興隆者矣城門一訣與龍身出脉正是一家骨肉精神貫通能識城門乃能觀出脉能觀出脉便能識城門故笑世人不識此秘而妄談卦例從砂水上亂說灾祥也此以下皆楊公鏤精抉髓之言得此便是陸地神仙

山抱水朝。此世人所謂陰陽相得。週迴全美者也。殊不知乾坤六子本自對待有何奇處。蔣公乃承其週迴好而自為之言。那些子即指上文城門一訣言城門得法雖週迴皆偏。然亦能以主納賓不得法雖週迴皆中氣。亦難以賓輔主。其意微矣。陰不是陰陽不是陽。陰陽錯雜也。陰可作陽。陽可作陰。陰陽反裝也。反覆深思。乃知城門之緊要如此。

常無欲以觀其妙。謂正神。常有欲以觀其竅。謂零神要之。零神之竅。亦無多也。惧将山龍來脉牽合平洋理氣。謂求龍於平洋實地之上。

陽山陽水。陰山陰水。乃世俗之所謂陰陽。陰不是陰陽不是陽。乃我之所謂陰陽。

父子不傳。夫亦師傳之禁戒如是。豈敢違哉。

世人只愛週迴好。不知水亂山顛倒。時師但云講八卦。却把陰陽分兩下。陰山只用陽水朝。陰水只用陽山收。俗夫不識天機妙。自把山龍錯顛倒。胡行亂作害世人。福未到時禍先到。

蔣氏曰。道德不云乎。常無欲以觀其妙。常有欲以觀其竅。此正丹家所謂玄關一竅大道無多只爭那些〻子故曰不離這個人身有此一竅天地亦有此一竅地理家須識得此陰陽之竅今人只愛週迴好而不知那些〻子些〻子合得天機週迴不好亦好些〻子不合天機週迴雖好皆無用矣陰山陽山陰水陽水皆現成名色處〻是死的惟有那些〻子是活的些〻子一變陰不是陰陽不是陽陰可作陽陽可作陰故曰識得陰陽顛倒顛

謂水為陽。謂山為陰。此是平洋坐山。以其自然配合而言也。不曰陰龍而曰陰山。以山代龍也。於陽水見龍。法於陰山見穴。法於陰山見收山之法。於陽水見出煞之法。蔣註奇妙。

陰非陽不生。陽非陰不成。眼前至理。而地理家卻無人識得。楊公傾倒至此。可謂吃緊為人矣。山謂結穴之地。水謂結穴之水。水本陰而謂之陽。地本陽而謂之陰。一語已盡太極之妙。

便是大羅仙。世人不諳天機。悞將山龍來脉。牽合平洋理氣。執定板格。陰陽反成差錯。乃真顛倒也。本欲造福。反以貫禍。楊公所為惻然於中而有是書也。

陽。若無陰。定不成。陰若無陽。定不生。陽水陰山相配合。兒孫天府早登名。

蔣氏曰。此節并下節尤為全經傾囊倒篋之言。而泛泛讀過。則不覺其妙。蓋舉平洋龍法穴法收山出煞八卦干支之

家秘本

理○一○以○貫○之○矣孤陽不生○獨陰不育○此
雖通論○而大五行秘訣○只此便了○學者
須○從○山○水○配○合○上○着○眼○所○謂○配○合○自○然○
配○合○非○尋○一○個○陽○以○配○陰○尋○一○個○陰○以○
配○陽○也○水○即○是○陽○山○即○是○陰○陰○即○是○山○
陽○即○是○水○故○只○言○陽○水○陰○山○而○不○更○言○
陰○水○陽○山○知、此○者可與讀寶照經矣○知
此者○亦不必更觀寶照經矣○
都天大卦總陰陽○玩水觀山有主張○能知○

山情水意即獨行兼行自此向彼自彼向此之謂然非看到出脈處不能了然也陽中有靜陰中有動自然配合知元運則知山情與水意矣

山情與水意配合方可論陰陽

蔣氏曰急接上文都天大卦豈有他哉總不過陰陽而已真陰真陽只在山水上看而玩水觀山須胸中別自有主張此主張非泛泛主張乃乾坤真消息所謂天心是也山情水意四字全經之竅妙令人孰不曰山水有情意而不知世人所謂情意非真情意也識此情意便是陰陽便是配合青囊萬卷盡在個中

賓主。即對待之義。上篇所謂在東在西者也。賓主相交。便是山情水意。

於。戲。皇。矣。

都天寶照無人得。逢山踏路尋龍脉。前頭走到五里山。遇著。賓主。相。交。接。欲求富貴頃時來。記取篛松真妙訣。

蔣氏曰。上文說到山情水意。都天大卦之理盡矣。此節又贊嘆而言。此都天寶照不輕傳世。若有人能得。以此觀山玩水。一到山情水意。賓主相交之處。用楊公訣法扦之。頃刻之間。造化在手。蓋一

明乎對待交媾之指。謂陽動陰靜也可。謂陽靜陰動也亦可。

片熱腸深望人之信從而發此嘆也。天有三奇地六儀。天有九星地九宮。地支十二天干十干屬陽分支屬陰時師專論。這般訣誤盡閻浮世上人。陰陽動靜如明得。配合生生妙處尋。

蔣氏曰前節贊嘆已足篇終又引奇門以比論者。葢奇門主地。從洛書來與地理大卦同出一原。而時師用錯所以不驗。惟有大五行是奇門真訣。欲知此訣。

家秘本

只在陰陽一動一靜之間求其配合生生之妙則在在有一陰陽非干是陽而支是陰如此板格而已蓋動靜即是山情水意即是城門一訣即是收山出煞用一卦法所謂龍到頭者此也所謂龍身出脉者此也所謂龍空氣不空者此也是名真賓主是名真夫婦是名真雌雄篇中又提出此二字與上篇第三章動靜中間求一語首尾相應楊公之旨

得中氣爲正。用偏炁爲變。

抑亦微之顯矣夫。

姜氏曰、中篇一十三節。共一百四十六句。皆申明上篇第三章以下未盡之義。以終平洋龍穴之變。

下篇

蔣氏曰、上中二篇。歷叙山龍平洋正變之旨。自始至終。有本有末。文雖斷續。而義則相蒙。下篇所言。不過前篇餘義。而錯雜言之。無有條貫。每章各論一事。文

水城屈曲抱身歸。即上篇所謂直見大溪方住手。所謂穴見陽神三揖朝也。曜炁見輿語中。

無承接。義無照應。淺者極淺。深者極深。學者分別觀之可也。

尋得真龍々虎飛。水城屈曲抱身歸。前朝旗鼓馬相應。下後離鄉著紫衣。

蔣氏曰。此節專指山龍而言。真龍之穴。龍虎分飛。非其病也。真龍行急。龍虎之相隨亦急。急々則兩砂之末。乘勢逆回。有似分飛。昔人指為曜氣。正真龍靈氣發露之象也。然情既向外。則人事應之。主

乙字水纏在穴前。謂由穴前至穴後也。下砂收鎖。指穴後言。穴在乙字兜內。當中九曲来朝水。即乙字之来脉。兩畔朝歸穴後歇。謂九左右水。城。繞出穴後為護托。此是向水攀龍格。

平洋坐空向實。就坐空而論。穴。後。為。上。堂。就向實而論。穴。後。為。下。砂。

上元攀坎龍格

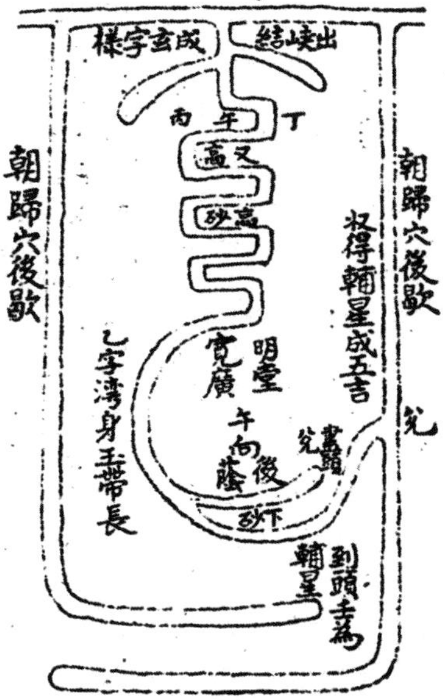

出峽結
成玄字樣
丙 午 丁
又高
高砂
收得輔星成五吉
朝歸穴後歇
明堂寬廣
午向後蔭
穴當頭
兌
乙字灣身玉帶長
下砂
到頭壬爲輔星
朝歸穴後歇

子孫他方發達。謂之離鄉砂也。

乙字水纏在穴前。下砂收鎖穴天然。當中九曲来朝水。悠揚瀦蓄斗量錢。兩畔朝歸穴後歇。定然龍在水中蟠。若有聲為數錢水。催官上馬御堦前。

蔣氏曰、自此以下八節。皆平洋水局形體吉凶之辨。此節言曲水纏身之格。歇在穴後。正前篇所謂後龍空。坐正穴也。數錢水假借為義。俗而巧。

此節又承向水攀龍格而詳言之。中陽即內明堂。寬抱明堂水聚囊言明堂寬廣可以承載向前之水使無傾瀉也。出峽結成玄字樣朝來鸞鳳舞呈祥言前曲水之妙。外陽自外明堂以外起眼人皆見。謂一層水一層案。砂愈遠愈高。乙字即接玄字。彎身謂由穴前繞出穴後。玉帶長謂彎環不局促。惟玉帶長所以明堂得寬廣也。內陽自穴場以後來朝曲水非向之。即坐之。若移在左右。則房分有偏枯之患。向既在曲水零神。則坐必在正神。正神有水便犯煞。然何以為後蔭乎。惟入口八尺及畫頭八尺皆在零神方為全吉。所謂仙方也。神機出處指入口而言。入口比畫頭尤重。

古人喜向水。故葬經有朱雀翔舞之語。蓋即上元統龍指示也。鸞鳳之名本於朱雀。而秀美過之。

水直朝來最不祥。一條直是一條鎗。可見向前直水決不可用。所云華表必是短水整列於明堂之外。稍逼則犯揷腸之病矣。惟掌足小地。却以向前短直水為照神。

家秘本

安墳最要看中陽。寬抱明堂水聚囊。出峽結成玄字樣。朝來鸞鳳舞呈祥。外陽起眼人皆見。乙字彎身玉帶長。更有內陽坐穴法。神機出處覓仙方。

蔣氏曰。此言堂氣形局之美。至於內陽坐穴法。即前篇所謂來龍正坐及城門一卦之訣也。非神機仙術烏足以語此。

水直朝來最不祥。一條直是一條鎗。兩條名為揷腸水。三條云是三刑傷。四水射來

時師以出口為去水。而移之穴後。且以出口之砂為下砂。謂水自此順去。龍自此逆来。其用直水多矣。其如禍来極速耶。

水不怕風。惟直水不免於漏風。

前水来朝又擺頭。曰来朝。則非直射可知矣。既已曲折来朝。又復斜去。此先直出後擺頭者也。與後文有

為四殺。八水名為八殺殃。直来反去拖刀殺。徒流客死少年亡。時師只說下砂逆。禍来極速怎堪當。墦圳路街如此樣。亟宜遷改免灾殃。

蔣氏曰。此節極言直来凶格。蓋水神最忌木火。以其有殺氣無元氣也。縱屬来朝。亦有損無益。況諸路交馳漏風冲洩手。旺元猶可。衰運無噍類矣。

前水来朝又擺頭。淫邪凶惡不知羞。乾流

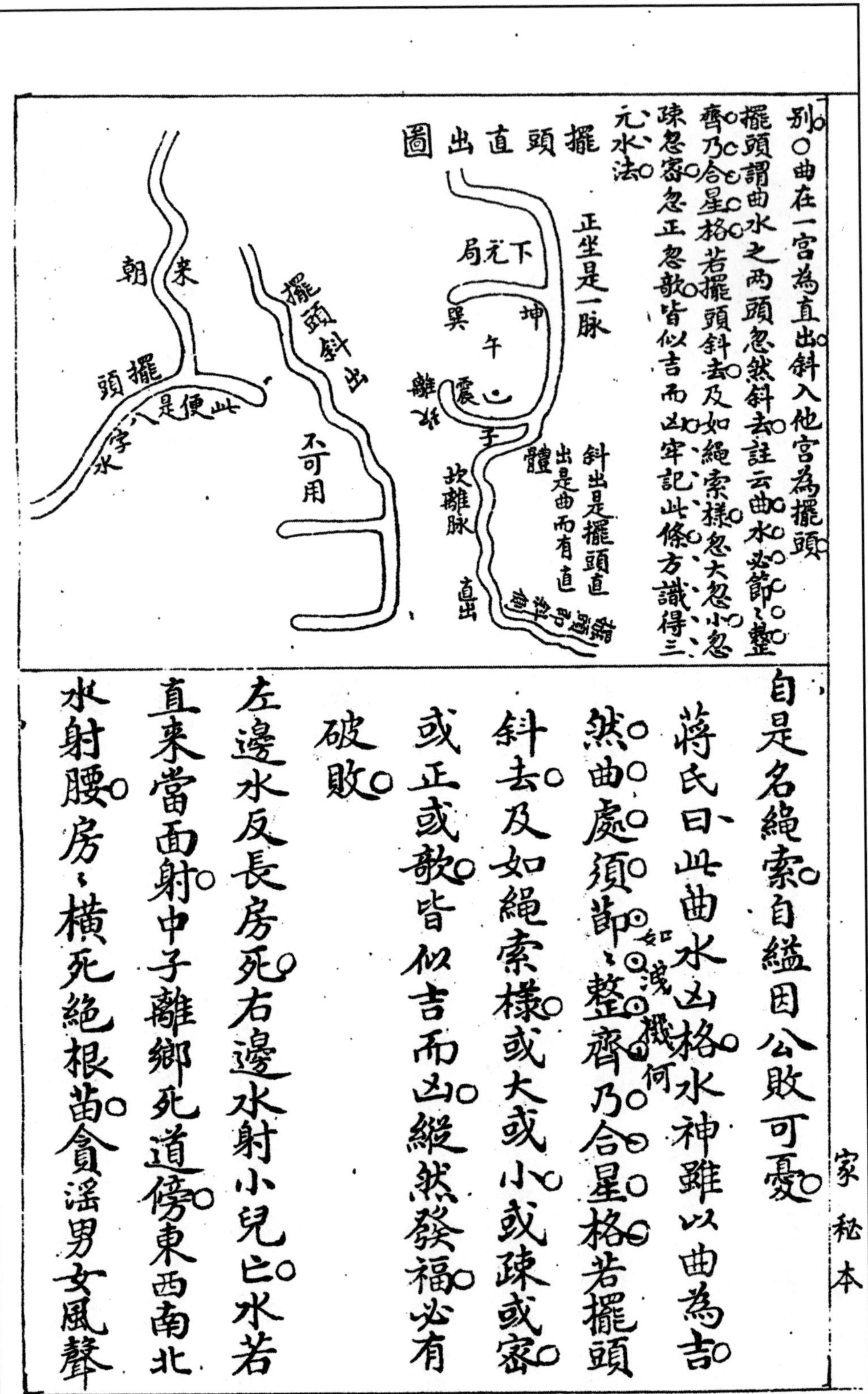

別○曲在一宮為直出○斜入他宮為擺頭○擺頭謂曲水之兩頭忽然斜去註云曲水必節○節○整齊○乃○合○星○格○若擺頭斜去○及如繩索樣○忽大忽小○忽踈忽密○忽正忽欹○皆似吉而凶○牢記此條○方識得三元心水法○

擺頭直出圖

自是名繩索○自縊因公敗可憂○

蔣氏曰此曲水凶格○水神雖以曲為吉○然○曲處須節○節○（如淺機何）整齊○乃○合○星○格○若擺頭斜去○及如繩索樣○或大或小○或踈或密○或正或欹○皆似吉而凶○縱然發福必有破敗○

左邊水反長房死○右邊水射小兒亡○水若直來當面射○中子離鄉死道傍○東西南北水射腰○房房橫死絕根苗○貪淫男女風聲

家秘本

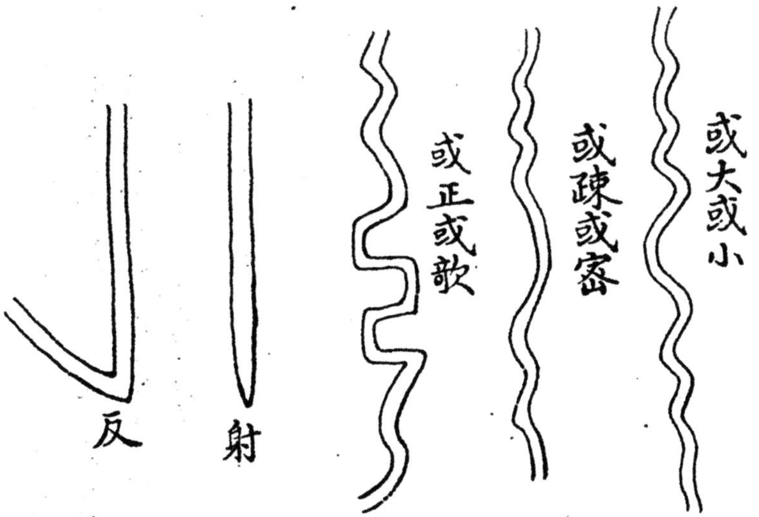

或大或小

或疎或密

或正或欹

射

反

一水褁頭。緃不歪斜。堂氣亦嫌太小。若面前另有一枝水到。則堂局小轉為大矣。故曰通窄之氣有所發

惡。曲背跎腰家寂寥。

左邊水反長房死。離鄉忤逆皆由此。右邊水反小兒傷。風吹婦人隨人走。當面水反中男當。斷定二房有損傷。左右中反房房絕。切忌墳塋遭此刼。

蔣氏曰。以上數節。雖義淺而辭鄙。然其應甚速。以其切於用也。故存之。惟公位之分不可盡拘耳。

一水褁頭名斷城。下之雖發未為榮。兒孫

洩反不為凶水到砂收反主興言一有水到則砂收局內不以窄小為嫌也

註曰平洋穴取近水三方皆可逼窄此但言穴左穴右穴後以近水而逼窄也若因高阜而逼窄敗絕立見矣高阜只宜在外堂之外提之平洋穴前屬龍宜高穴後屬水宜低堂局有大小就一局之中前後左右高低必相稱此則不論元運而其秘自存乎洛書之數中者也伏羲先天八卦亦不外是洛書之數以多寡而得均與先天之卦以奇偶而得渾合

茶槽之水實堪憂可見靜水亦忌硬直

其形方稜
其灘直削
是為茶槽水

久後房房絕水到砂收反主興

蔣氏曰平洋穴取近水三方皆可逼窄惟穴前明堂須寬容不迫方能展舒穴氣若一水裹頭穴無餘氣雖環抱亦不發若面前另一枝水到則又以接水呈秀其逼窄之氣有所發泄反不為凶耳

茶槽之水實堪憂莫作蔭龍一例求穴前太逼割唇脚不見榮兮反見愁

蔣氏曰穴前池塘水聚天心名蔭龍水

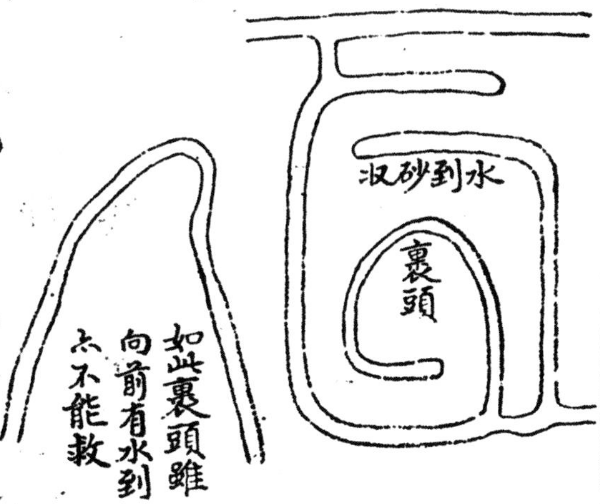

擺頭直出是真龍。此是先擺頭後直出。若擺頭是一龍，直出又是一龍，龍分兩元，須審其骨脈純雜長短輕重，與地局之偏左偏右，而後擇其可者用之，所謂三訣也。若其水稍大，出脈有力，尤宜致慎。直水必有煞氣，橫水又不擔力，惟直中帶橫，則力大而不至帶煞。此坐向曲水之所以妙也。橫可以解直之煞焉，小所以收大之散焉，至理可思。

本為吉局，若硬直深坑，形似茶槽，既非佳格；或明堂寬曠，猶未見凶，更加急葬，穴氣太偏，則有凶無吉矣。同一穴，前池水形局軟硬，立穴緩急，其應不同，不可不深辨也。

玄武擺頭有多般，未可慳然執一端，或斜或側或正出，須憑直節對堂安。是分龍須取何家龍脈蹤，大山出脈分三訣，未許專將一路窮。

大山出脉分三訣

離
午
午向
上元

離
巽
巽
中元
巳向

坤
離
下元
酉向

蔣氏曰玄武水来本合後空活龍之格宜為正坐之穴矣然亦須詳其来法以辨純駁定吉凶未可執一也蓋水有偏出正出不同惟直節對堂要乃是真玄武水若擺頭曲来而又直出前去一曲一直之間龍脉不一是謂分龍不必分两道而後謂之分龍也須察其曲来是何脈直去是何脉細細推詳而後可定其何家蹤跡以便下卦若是水大則不

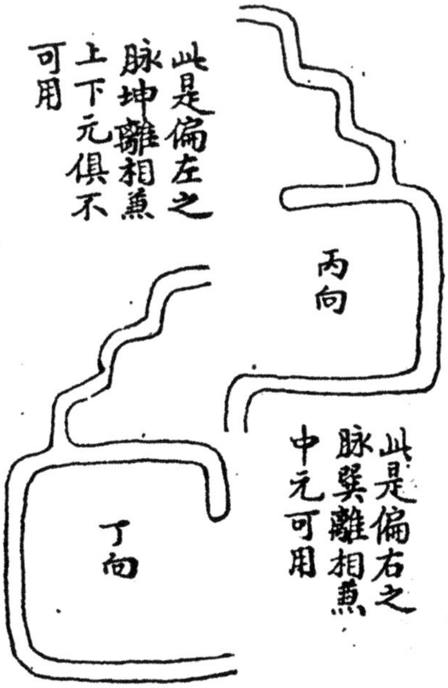

此是偏左之脈坤離相兼上下元俱不可用

丙向

丁向

此是偏右之脈巽離相兼中元可用

家家坟宅後高懸太陽不照太陰偏言太陽不能照水則水非交媾之水而穴中陰氣偏勝也註云世有挑築兩三重靠山以至敗絕者愚謂遠水安坟并太陰亦不能至安得不敗絕也

太陰偏謂陰氣獨重也太極由內生外故水穴以後低前高為順山穴以後高前低為順太陽自上及下故水龍受壓太陽不能入之山龍失陷太陽不能振之

止一宮之氣正坐是一脈偏左又是一脈偏右又是一脈故云分三訣也論坐後之脈精詳曲當搜剔無遺乃至於此可謂明察秋毫者耶

家家墳宅後高懸太陽不照大陰偏必主其家多寂寞男抓女寡實堪憐

蔣氏曰此即後空之義因世人多喜後高故復丁寧如此人但知後高為有坐托不知其掩蔽陽光而偏照陰氣生機

斬絕。人口伶仃。故有孤寡之應也。可不戒與。予觀人家穴後。有挑築兩三重照山以補後托。未有不大損人丁。甚至敗絕無後者。利害攸關。特為指出。此節專言平洋格法。若是山龍之穴。又以後高為太陽正照而吉。後空為太陽失陷而凶。讀者莫錯會也。

姜氏曰。以上九節。首節言山龍。後八節言平洋。皆形局也。

形局九星。以水土金三星為貪巨武三吉。見寶照上篇註中。今并及輔弼。輔弼與巨門類也。登山。猶云登穴。大抵星體之純靜者。即為貪巨武弼。其偏駁者即為破祿廉文。此龍惠用廉而無貪可用。故註以此二節為專指平洋。

山龍貪狼最吉。蓋山以木星為貪狼也。汪氏之貪可用之句誤

貪武輔弼巨門龍。方可登山細認踪。水去山朝皆有地。不離五吉在其中。

蔣氏曰、此節及下文九星。皆指形局而言。蓋見其星體合吉。方登山而定其方位。若形局方位皆吉。即水去亦吉。今人動云第一莫下去水地。謬矣。

破祿廉文凶惡龍。世人墳宅莫相逢。若然誤作陰陽宅。縱有奇峯到底凶。

蔣氏曰、此二節專言平洋九星砂水法。

山龍有納甲本卦向法。平洋以本卦納甲干支位々作返吟伏吟。皆俗說也。故以三星象星五吉元運正之辨局。視三。星。乘。炁。憑。五。吉。倒騎龍尚是正說。納甲則邪說矣。龍體即星體。消詳龍體卦炁之中。合。來。炁。局。炁。以。定。向。決不犯本宮。即犯本宮。亦何慮哉。轉禍為祥。所以駁納甲之謬也。

本山來龍立本向。返吟伏吟禍難當。自縊離鄉蛇虎害。作賊充軍上法塲。明得三星五吉向。轉禍為祥大吉昌。

蔣氏曰。本山本向。非子龍子向。丑龍丑向。倒騎龍之謂也。葢指八卦納甲而言。山龍有納甲本卦向法。皆淨陰淨陽。其在平洋向法。反不拘淨陰淨陽。而以本卦納甲干支位々作返吟伏吟。凶不可當。三星與五吉不同。三星言龍體。五吉穴内之氣。自腦入為順。逆則顛倒。故龍穴皆真。而立向顛倒。非所以迎神引氣也。

幾為奔走赴朝廷。以龍真穴正之故。纔到朝廷帝怒形。以誤立向之故。近聞徽郡皆向山而葬。雖似平洋攀龍。然高低易位。與太極不合。其驗在根本空虚一起即蹶。

言卦氣。消詳龍體卦氣之中。即有天然向。法可不犯本宮而灾變為祥也。

龍真穴正悞立向。陰陽差錯悔吝生。幾為奔走赴朝廷。纔到朝廷帝怒形。緣師不曉龍何向。墳頭下了剋官星。

蔣氏曰。此言龍穴雖真。而悞立本宮之向。陰陽不和。至於剋官也。蓋地理雖以龍穴為重。發與不發。專由龍穴。而立向坐宮。文穴中迎神引氣之主宰。此處不

尋龍過氣尋三節。龍指山水言。過炁猶云過峽。三節謂來龍之三節。必三節陰陽不雜。方為大地。即此并可知內外明堂與砂案之皆當合法矣。父母宗枝即父母子息。孟謂初爻。仲謂中爻。孟山須要孟山連仲山須要仲山接。皆指龍骨而言。孟山已帶差錯。且勿論。但就孟山仲山相連接之中。一或擺頭斜出便為

清潔。如玉之瑕。不成美器矣。致廣大而盡精微。又何可不詳審也耶。此所謂向。非以山向五行起長生為消納也。亦非小玄空生出尅出生入尅入之說。學者慎之。

姜氏曰。以上四節。皆言平洋理氣之用。

尋龍過氣尋三節。父母宗枝要分別。孟山須要孟山連。仲山須要仲山接。干奇支耦細推詳。節節照定何脉良。若是陽差與陰

太差錯雖在穴上看来揔在九星吉位亦發而不長一節吉龍二語正言其發不長也

前云三節四節不須拘此又云尋龍過處尋三節蓋各有所主也而意在於龍之生旺則同

凡直水必兩字對待橫水出焉則兩字似乎兩水而橫水居其中故如卯酉相交則夹一子午龍矣如乾巽相交則夹一艮坤龍矣出脉如是到穴亦如是乎龍言行言止蓋兼之也而到穴一龍猶為命脉劉郎即夫既曰夫婦同行又曰劉郎別處語極可笑而其秘指自確不可易謂干支為夫婦也可謂陰陽為夫

錯縱吉星辰發不長一節吉龍一代發如逢雜亂便參商

蔣氏曰此等卦理中上二篇論之已詳反覆丁寧致其深切之意又指明發福世代久暫之應全在龍脉節數長短故父母宗枝要分別也

先識龍脉認祖宗蜂腰鶴膝是真蹤要知吉地行龍止兩水相交夾一龍夫婦同行脉路明須認劉郎便處尋平洋大水收小

婦也可挹之夫婦同行便是來脈清正然猶非命根所在故曰須認劉郎別處尋劉郎指小水必小水能收大水方成言穴乃知脈路同行只是問名納采之夫婦惟小水為同衾共枕之夫婦此中有真劉郎也坐卦之水不可洩漏雖騎龍即騎夫婦同行之脈而小水入口却於別處尋之如上元午水夫婦同行則入口非酉水即艮水同一酉脈而其曲入有坤艮乾巽甲庚乙辛之殊甲庚乙辛則合坤艮乾巽則不合同一艮脈而其曲入有坎離震兌丑未寅申之殊丑未寅申則合坎離震兌則不合註云此宮不合別求一宮深得尋劉郎之法矣大水與小水一家骨肉血脈相連但須穴後空以蓄之焉用水口砂以鎖之此乃平洋之異於山法處

水不用砂關發福久水口石似人物形定出擎天調鼎臣

蔣氏曰此節兼論山龍平洋言山龍真脈則取蜂腰鶴膝為過峽而平洋則不然只取兩水相交為來龍行脈不在過峽上看脈也但須脈上推求識干支純雜夫婦配合之理如此宮不合又當別求一宮不可牽強誤下故云劉郎別處尋且山龍取砂為關而平洋不用砂關

只要大水行龍收入小水結穴有此小水引動龍神千流萬派其精液皆注歸小水以蔭穴氣此平洋下穴秘旨一語道破混沌之竅鑿矣觀此則知所謂兩水相交非謂左右兩水會穴前而龍從中出謂之行龍也正謂大水與小水相交之處乃眞龍之行眞穴之止也既有此小水收盡源頭又何用砂水之爲我用與否豈砂之攔阻能强之者耶人且

以橫為直。便是直来。關即門也。不帶關。謂旁無漏洩。

不可強。而況於水。若水口捍門。此山龍大地雄峙一方之勢。益將山比擬。楊公秘慎之旨。互文隱意。雖若竝陳。大旨偏重平洋而以山龍相映發以辨其不同途。爾貴學者言外會心。若不知剖析而視為合一之說。將雜亂而無緒。

龍若直來不帶關。支兼干出是福山。立得吉向無差悞。催福催官指日間。

蔣氏曰。此亦上中二篇所已詳。益以四

乾坤艮巽脈過凹處是開小水之法言甲庚壬丙曲水結穴之地又當掘地成凹而引乾坤艮巽之脈以過之也曰節節同行可見小水亦當曲折曰不混淆可見小水之骨尤當專一惟曲水之骨屬甲庚壬丙故宜向不宜坐外之甲庚壬丙雖為雜然而內有乾坤艮巽真氣以主持之其發福可必也仲山以下言曲水非甲庚壬丙竟是子午卯酉則不必另開小水而已可斷其大發矣若要開小水亦以父母為貴前註云此子合得天機週圍不好亦好此子不合天機周圍雖好亦無用矣殆從此節叅出來

正為例而其餘自在言外非位位取地支也

乾坤艮巽脈過凹節節同行不混淆向對甲庚壬丙水兒孫列土更分茅仲山過脈不帶關三節山水同到前斷定三代出官貴古人準驗無虛言

蔣氏曰此則單言四隅龍格反取干神並不言及辰戌丑未則其非專重地支可知矣脈是內氣而向對之水是外氣

發龍多向支神取。謂四正卦也。若是干神。則必有以制化之。非如支神之即可取矣。即壬子癸三字。而真夫婦假夫婦皆在其中。然假夫婦亦不可盡棄。但制化有方。不得為天然之穴耳。乾坤艮巽雖處四隅。然亦有天然之穴。苟水來當面的是乾巽水艮坤水。便是真龍而迎神引氣。盡屬天然矣。蔣註以干為維以天然為卦名天然。稍覺勉強。格龍之法。從出脈起。不但要兩三節不差錯。而此云只在兩三節者。蓋來脈短淺。則不必拘來脈。隔遠則不必拘。既有坐水則照神之來脈。亦不必拘。其中自有定法。非遷就之說也。

兩不相妨也。楊公辨龍審卦之妙。口口說重地支。而本旨實非重地支。世人被他瞞過多矣。豈知一隻眼逗漏於此節。學者慎毋忽哉。

發龍多向支神取。若是干神又不同。支若載干為夫婦。干若帶支是鬼龍。子癸為吉壬子凶。三字真假在其中。乾坤艮巽天然穴。水來當面是真龍。要識真龍結真穴。只在龍脈兩三節。三節不亂是真龍。有穴定

然奇妙絕千金難買此玄文福緣遇者無
輕泄依圖立向不差分榮華富貴無休歇
時師不明勉强扦雖發不久即敗絕

蔣氏曰、發龍多取支神此乃用支之卦
也干神不曰無取而乃曰若是干神又
不同明々有用干之時而特與用支者
不同爾干帶支為鬼龍只就壬子癸一
宮為例其真其假三字之中迥然差別
何以乾坤艮巽獨名天然穴蓋直以乾

坤艮巽為龍不更轉尋名相故曰天然若他龍則干支卦位非一名矣水來當面是真龍此語石破天驚鬼當夜哭蓋乾坤艮巽之穴又與取支恐干者不同觀此則寶照之訣實非單重支神洞然明白矣至於格龍之法止要兩三節不差錯則卦氣已全不必更多求於四五節之外恐人拘泥太過遇著好龍當面錯過所以發此非楊公遷就之說也但

曲折是水星。故曰一個星辰一節龍。孟仲季山。謂三支皆全也。

此兩三節定要清純。若到頭節數。畧有勉強。不能無悞。又戒作者。須其難其慎也。

一個星辰一節龍。龍來長短定枯榮。孟仲季山無雜亂。數産人龍上九重。節數多時富貴久。一代風光一節龍。

蔣氏曰。此亦論平洋龍神節數。以定世代遠近之應。總在行度之純雜上斷也。

姜氏曰。以上六節。皆言平洋大五行之

法。蓋中上二篇所已明。而反覆互見者也。

都天寶照經終

家秘本

補圖註

上元攀坎龍格

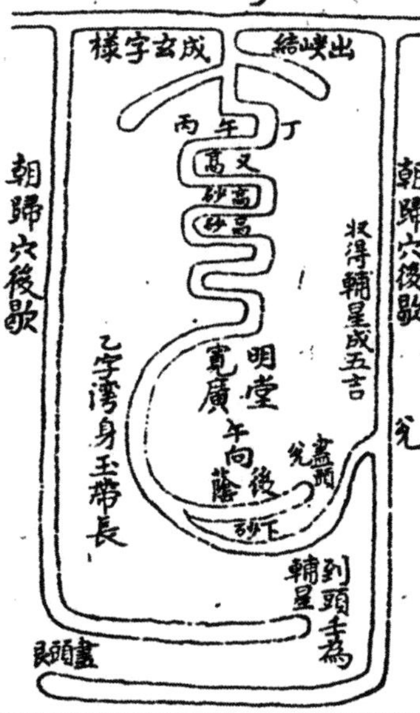

出峽結　成玄字樣
丙　午　丁
高　又
砂　高
砂　高
朝歸穴後歌
收得輔星成五吉
明堂
寬廣
午向
後
蔭
兌　蓋頭
下砂
乙字灣身玉帶長
朝歸穴後歌
兌
到頭壬為輔星
艮頭盡

世俗言三合者。午向則艮寅為生方。不可流破。如上圖午水曲折而來。兌方出口。必以為吉穴可扦。殊不知有流水而無止水。氣終不聚。欲鑿一止水。必從寅艮入。而後。堂局無偏斜之患。且三合之法亦有精焉者矣。其精者。謂午水右旋為陰火龍。則寅艮為死方。非生方也。豈以流破為患乎。由此而推。三合五行。皆由於誤認楊公而益熾也。楊公之法。午水左旋攀騎二格。皆從兌方收入小口。午水右旋。只有攀龍一格。從艮方收入小水。子水左旋攀騎二格。皆從震方收

惟水纏高砂。或止水不得不從本宮出入。故不得已而立攀龍格。以穴前宜高。穴後宜低。本宮宜關。不宜漏也。楊曾命穴為太極。而以棺之前半屬龍之陽。棺之後半屬水之陰。陽則宜高。陰則宜低。由一穴之交媾而得全局之交媾。此太極之小無內。大無外也。攀龍一格。陰反在前。陽反在後。似不宜更執前高後低之常法。然蔣公嘗云。葬山者不向山。葬水者不向水。由此而推。

入小水子水右旋只有攀龍一格從坤方收入小水以此例卯水酉水之左旋右旋無不如是世俗不知其故憑聽猜度疑其秘旨在於衰病死墓方消水於是長生沐浴之訣牢不可破亦可哀矣天圓地方圓者徑一而圍三方者徑一而圍四三合只屬天文不屬地局楊公當日並未嘗以天文之三合顛倒地局之四正也歸厚錄云精炁從天胎息從地或改胎息為消納固已夢夢且其所以消納者只用三合五行其亦思三合之法果可謂之從地否耶

上元三叉城門騎龍

水山丙本卦不洩漏

家秘本

可見平洋之向水攀龍即山地之回龍顧祖向水仍歸坐水攀龍不異騎龍其交媾亦在後水歸厚錄以為攀龍湧泉特假托之辭耳一騎一攀專主數折水而言要之騎龍必前有抱水攀龍必後有抱水苟無抱水安得謂炁鍾之穴乎且有抱尚未得為炁鍾也通行曲水有胎無息亦不成穴故必於穴後鑿一止水騎龍之止水其入口與盡頭處必與所坐之曲水同元同宮

攀龍

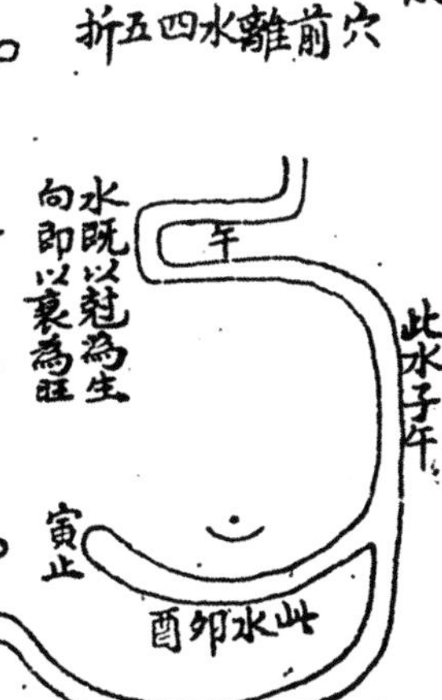

穴前離水四五折

水既以魁為生
向即以衰為旺

午

此水子午

寅止

此水卯酉

丙 丙 丙

丙

甲

庚

酉

向前是午水。則西邊小口定然是酉水。龍骨既真。穴可兼合於歸厚録環轉之義。若面前是丙水。則環轉之義不可拘。

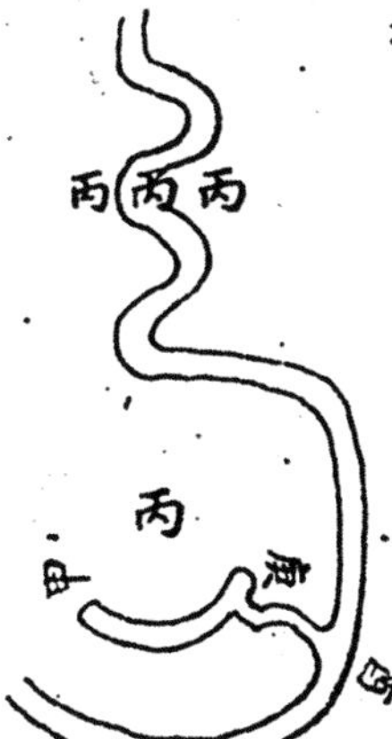

面前是丙水。則西邊小口。必稍稍帶北而後為卯酉水。此則龍骨真。而不合於環轉之義。要之按之以形自不若化之以氣也。若龍骨不真。則無以制向前之雜氣。而化坐後之煞水。

攀龍之止水。其入口與盡頭處。必與所向、、、、、之曲水同元。惟同元。而後坐陽者轉而坐陰。所謂神機出處覔仙方也。但攀龍穴然稍弱。故局外更得後蔭為貴。

凡人成胎於母腹。必有一道脉息相通之處。氣血不固。或病漏胎。歸厚録言胎。言息。言漏。蓋取義於此也。大水灣抱處是胎。以小水収大水是息。別有小水他去是漏。

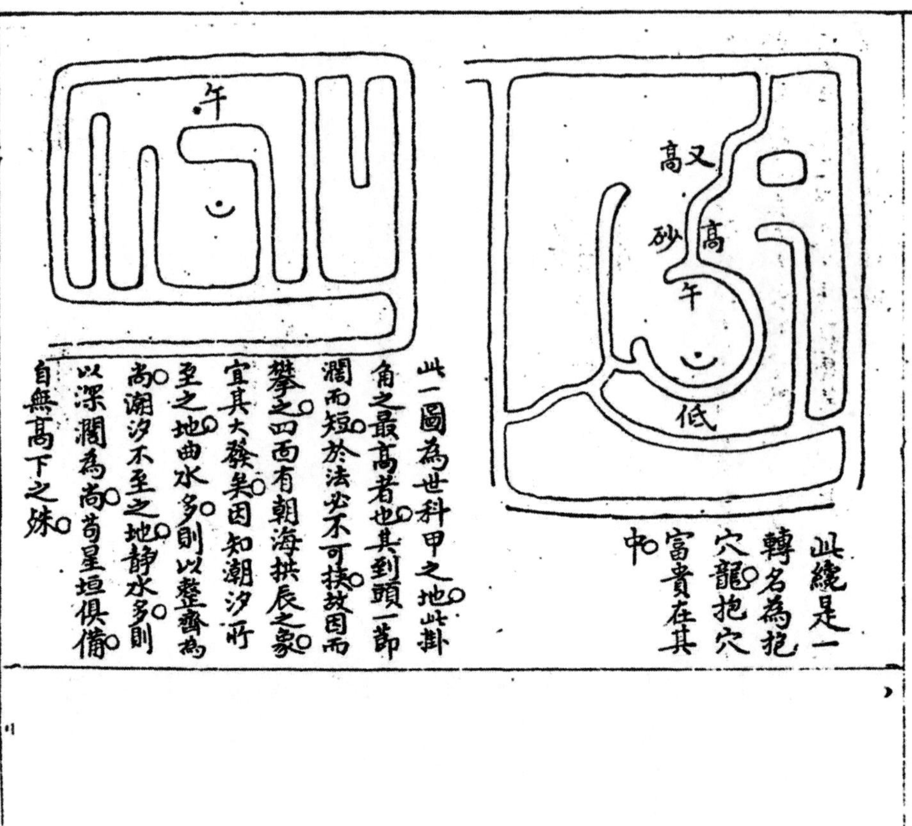

此繞是一轉名為抱穴龍。抱穴富貴在其中。

此一圖為世科甲之地。此掛角之最高者也。其到頭一節濶而短。於法必不可挨。故因而攀之。四面有朝海拱辰之象。宜其大發矣。因知潮汐所至之地。曲水多。則以整齊為尚。潮汐不至之地。靜水多。則以深濶為尚。苟星垣俱備。自無高下之殊。

附辨脉圖

大曲水

庚 酉 辛

辛酉庚 是為卯酉子午 子午水

辛酉庚 辛酉庚

坎 離

就庚故向午 子午水

辛酉庚 庚 辛 辛庚

酉 辛酉庚 坎 離

就庚

庚 酉 辛

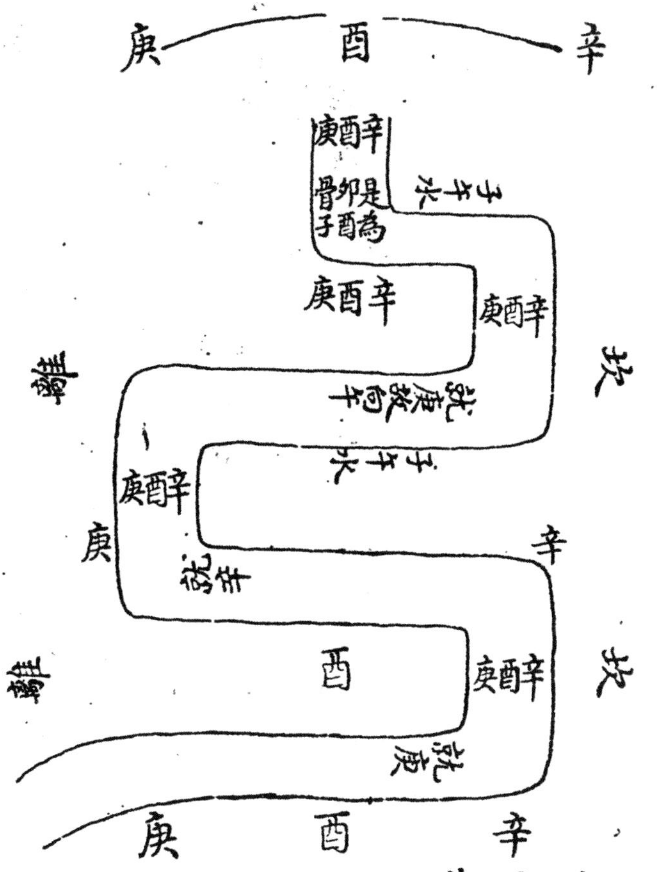

此處左旋。在上元只用攀龍格。開艮坤小口引水抱穴。至中元方可作騎龍格。開乾巽小口引水抱穴。

此處右旋。在上元攀騎俱可。皆開坎離小口引水抱穴。在中元只作攀龍格。開乾巽小口引水抱穴。

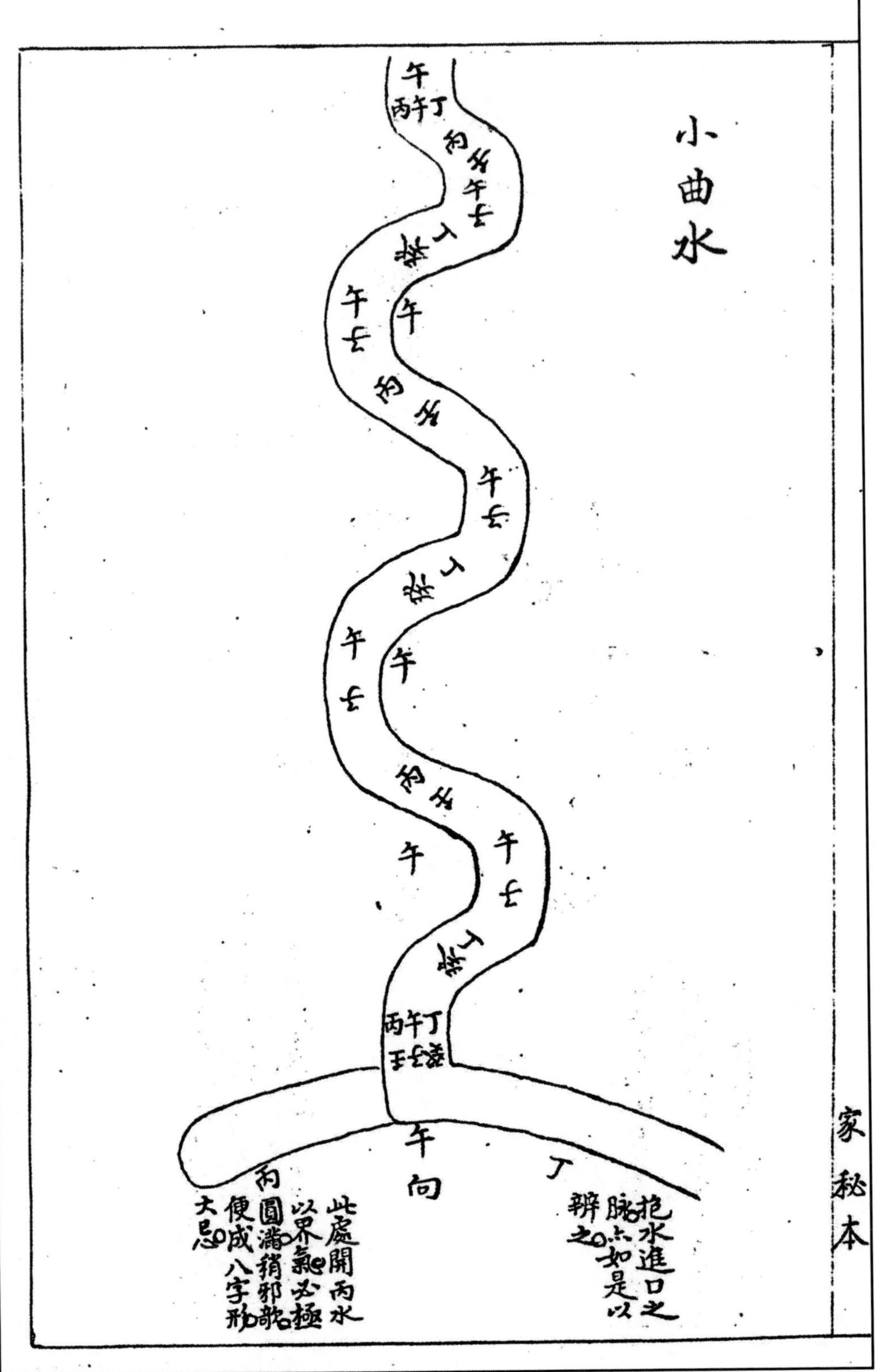

家秘本

小曲水

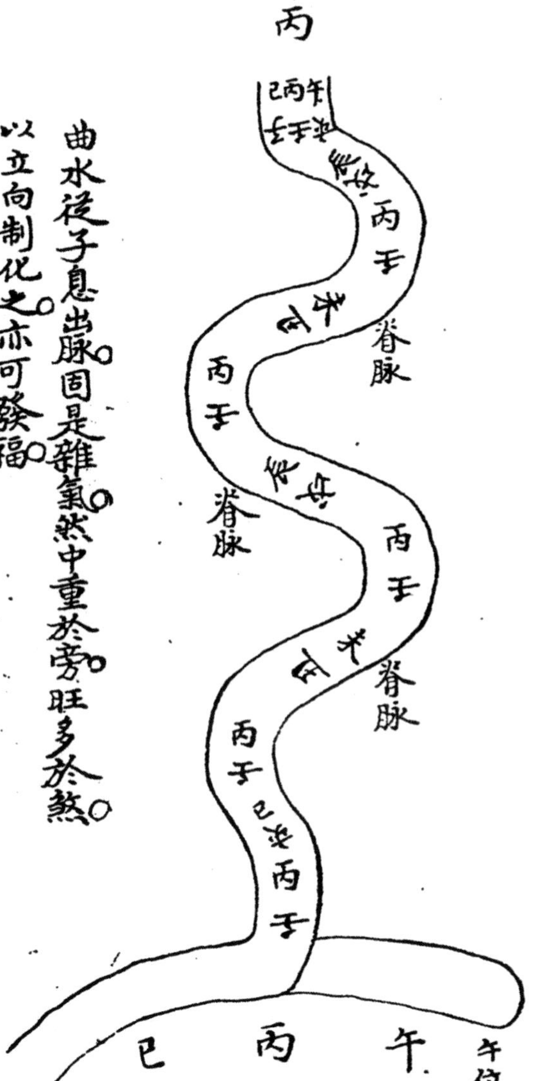

曲水從子息出脉。固是雜氣。然中重於旁。旺多於煞。以立向制化之。亦可發福。

午位當闊水界氣。

三註辨正畢。其輿竅則楊公八法盡之。先看星體。次尋龍脈格清骨。子便有宜向宜坐之別。次看穴場商議作法。兼看傳送功曹高低之勢。以別向坐。然後點穴定向。而太極分明。又從太極看去。必使小水灣環。左右有情。又與前後之大水相照。而城門正氣。亦不至或雜。如是則天心十道。自然旺重煞輕。合同而化矣。再得去水回顧。尤為全美。

楊公所言。始終惟騎龍挾龍攀龍三格。其於掌足之形。惟直山直水去無翻二語。偶然附見。然太極大無外。小無內。掌足與首腹。力量雖殊。而理氣則一。天元歌去掛角并兼三法定是也。掛

家秘本

角之義。於懸珠肘亭見之。掛即懸。角與肘類。大抵掌指不齊。掌心圓抱。肘足止於一曲。角則不止一岐。四者皆能之變態也。以護托之多寡親疎分別高下。其作法不過騎之挾之攀之而已。

楊公之書。非蔣公不能註。反覆玩味。語語含蓄。亦語語吐露。至易至簡。純粹以精。世有疑辨正一書未盡善者。彼自蟪蛄小蟲。作一百八十日大夢耳。

或云掛角指金鈎掛月而言。鈎短以攀龍兼騎龍。鈎長以攀龍兼挾龍。故曰掛角并兼三法。定愚謂。攀騎三大格之外。小局甚多。獨舉金鈎掛月。於理不通。豈復成蔣公手筆乎。

此書未曾說得大三元今特補之

三十年為一世。十二世為一運。三十運為一會。十二會為一元。三元元運。各輪六十年。乃元之至小者也。此元運亦當以干支紀之。開闢第一上元六十年為甲子。是為二世。第一中元為乙丑。第一下元為丙寅。至第二下元己巳。共十二世。是為一運。至第四下元乙亥為兩運。至第二十下元癸亥為十運。是為大上元。又十運為大中元。又十運為大下元。共三十運。一百八十元。是為子會。自子至丑共十二會。每會中一個大三元。今為午會之第十二運。乃午會之大中元也。除去大上元十運。又從第一上元起甲子。令乾隆九年。是第三中元辛未也。元而謂之三。從其數也。數本於洛書九宮。然而九宮之數。先後天之理氣存焉。是故堂局一。九宮也。星體一。九宮也。穴法一。九宮也。其氣其理有如是也。今人不知理氣。而但取其數以輪元運。不獨堂局星體穴法概乎未聞。且有生旺倒裝之病。以是遭呵斥。又何怪乎。今當正其名曰先後天三元。以別於世之舉一而廢百者。

九星之說不同。八宮起例。互起貪狼。與陽宅天醫福德同一訣。此滅蠻經之說。蔣公所不取者也。蔣公所用。惟形局與方位之九星而已。形局九星。以水之整齊者為貪狼。木蓋水星必曲折。曲而有直。體方能整齊。以其直體。故謂之貪狼也。以土星金星之完滿者為巨門土。武曲金。以水星土星金星之破碎者為文曲水。祿存土。破軍金。以土星之狹長者為左輔土。以火星之帶圓者為右弼金。文祿破固皆凶惡。即輔弼亦兼煞氣。不可用。因金井必方而狹。氣從穴外入穴中。必圓而尖。故借左輔右弼兩星名為入穴収氣之用。以與貪巨武合成五吉。非謂山水形局或輔或弼皆可取也方位九星葢本其義而分配之坎為水水以曲而直者為貴故以貪狼配焉坤艮皆為土土主方而老母得其全少男得其半故以巨門左輔配焉震巽皆為木木主直徒直不可用直而有轉則類方矣直而能活則稍曲矣震以長男居正故以祿存配焉巽以長女居隅故以文曲配焉中黃居中無所專屬而為生氣所聚故以廉貞配焉乾兌皆金金主圓而老陽得其全少陰得其半故以武曲破軍破軍配焉離為火火尖不可用而尖與圓皆圜三故以右弼金配焉以九星配九宮不准方位之五行而反取義於形局之五行者此乃形家秘

旨隱寓審擇裁成趨吉避凶化凶為吉之妙用而論者不察猶疑祿文廉破為惡曜真可笑之極矣

氣受於天質成於地質雖有定而氣實相通故五行之質有生尅五行之氣無生尅

試思納甲與地理何涉天文三合與地理何涉天文三合尚無生旺墓之義何故又添出沐臨衰病之名

四大水口蓋舉四隅而言以為四正例也合四正四隅共四十八局而水口獨不多故先賢舉四隅以示例言四隅二十四向不過四水口得此水口而二十四局之向水皆合失此水口而

二十四局之向水皆非也。分明漏洩天機。而瞶瞶者反重其妖祟。哀哉。

談左旋右旋者。自以為得陰陽交媾之妙。試一思之。其交媾在生旺乎。抑在墓庫乎。如謂交媾在於生旺。則向生者必坐病。向旺者必坐胎。病生不敵。胎旺非倫。吾未見其能交媾也。不然。則龍之生。水之旺。水之生。龍之旺。自相交媾於向上。而穴特為之媒也。至謂交媾於墓庫。則去穴益遠矣。可為一哂。

房分之說。蔣公未嘗闢之。特不欲明言以啟世俗之爭端耳。房分本於八卦之定位。而穴場自為太極。又自有定位。此蔣公所

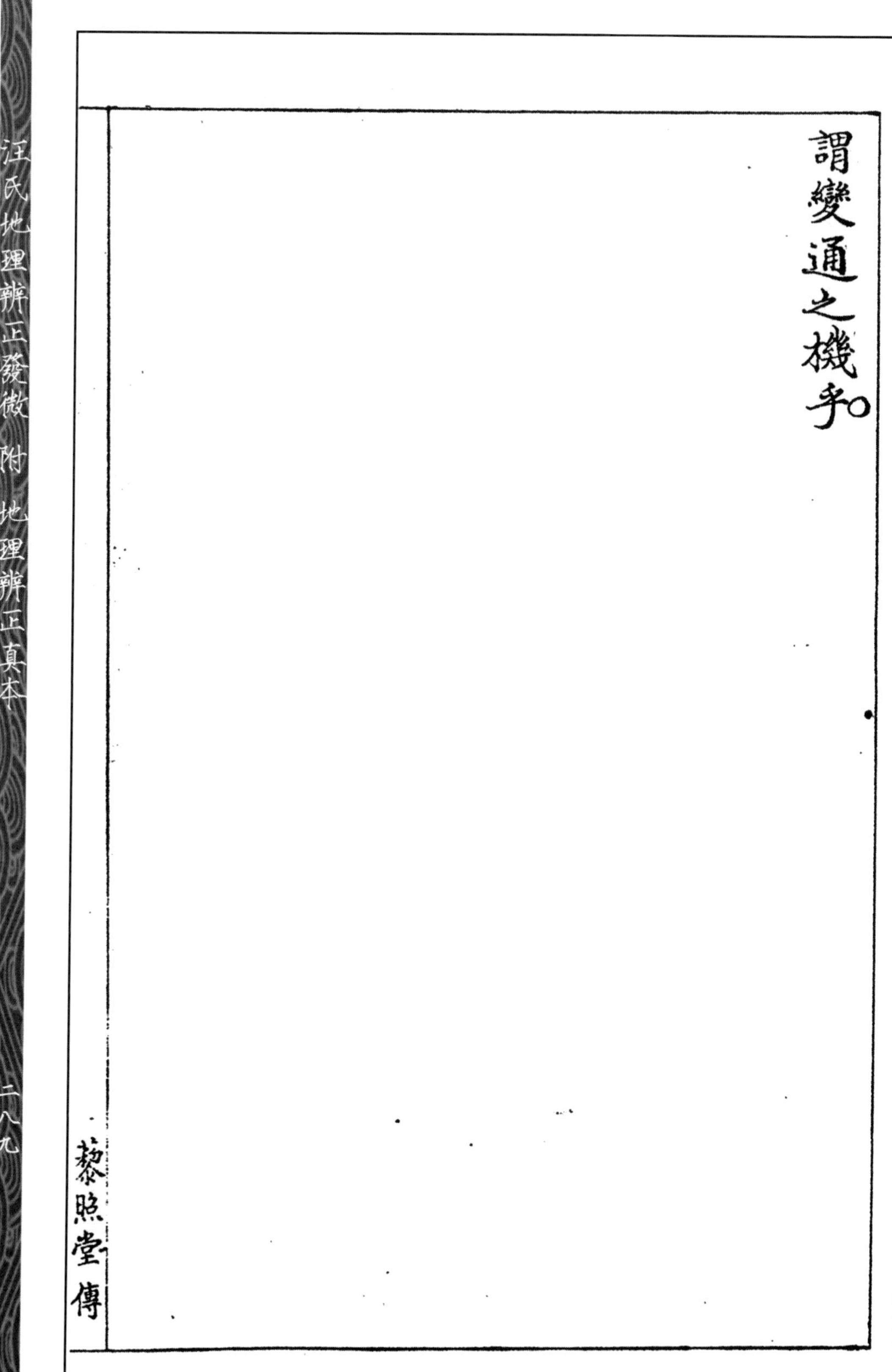

謂變通之機乎。

辨正發微終

家秘本

平砂玉尺辨偽

華亭中陽子蔣平階大鴻氏著
會稽門人姜垚汝皐氏訂

辨偽總論

地理多偽書。平砂玉尺者。偽之。尤。者。也。或曰是書也。以世目視之。儼然經也。子獨辨其偽。何居。曰惟。世。皆。以。為。經。也。余。用。是。不。能。無。辨。今之術家。守之為金科玉律。如蕭何之定漢法。苟出乎此。不得為地理之正道。術士非此不克行。主家非此不敢信。父以教其子。師以傳其弟。果能識此。即可以自號於人曰堪輿家。

延之上坐。操人身家禍福之柄而不讓。拜人酒食金帛之賜而無慚。是以當世江湖之客。寶此書為衣食之利器。譬農之耒耜。工之斧斤。其於謀生之策。可操券而得也。有朝開卷而成誦。暮挾南車以行術者矣。豈知其足以禍世如是之酷哉。知其禍世。而不辨。余其無人心者哉。或曰、是書之來也遠矣。子又安知其為偽也。乃從而辨之曰、我亦辨之以理而已矣。或曰、此亦一理也。彼亦一理也。安知子之理是。而彼之理非歟。曰、余邀惠於先之賢哲。而授余以黃石青烏楊公幕講之秘要。竊自謂於地理之道。得之真而見之確矣。故於古今以來所謂地理之書。無所不畢覽凡書之合於機要者為真不合秘要者為偽而此書不合之尤者也既得先賢之秘要又嘗近自三吳兩浙遠之齊魯豫章八閩之墟縱觀近代名家墓宅以及先世帝王聖賢陵墓古蹟考其離合正其是非凡理之取驗者為真無所取驗者為偽而此書不驗之尤者也故敢斷其偽也蓋以黃石青烏楊公幕講斷之以名家墓宅先世古蹟斷之非余敢以私見臆斷之也或曰然則秉忠之譔伯溫之註非與曰此其所以為偽也夫地理者裁成天地之道輔相天地之宜以經邦定國禍福斯民者也三代以上明君哲相無不知之世道下衰其說隱秘而寄

之乎山澤之癯。逃名避世之士。智者得之。嘗以輔翼興王扶持景運。而其說之至者不敢顯然以告世也。文成公之事　太祖其最著者矣。及其沒也。盡舉生平所用天文地理數學之書進之內府。並無片言隻字存於家而教其子孫。況肯著書立說以傳當世耶。故凡世本之稱青田者皆偽也。均之佐命之英。知青田則知秉忠矣。或曰。何是書之文辭井井乎若有可觀者也。曰。其辭近是。其理則非。蓋亦世之通人而不知地理者以意為之而傳會其說。託之乎二公者也。余特指其謬而一一辨之。將以救天下之溺於其說者。

辨順水行龍

山龍之脉與平壤龍脉皆因水以驗其脉之動靜而皆不即水以限其脉之去来令先言山龍夫山剛質也水柔質也山之孔竅而水出焉故兩山之間必有一水山窪下之處即水流行之道水隨山而行非山隨水而行也山之高者脉所從起山之卑者脉所從止山自高而卑故水亦從之自高而卑此一定之理也往往大溪大澗之傍小幹龍所憩焉大江大河之側大幹龍所休焉蓋来山之衆支聚乎此故來水之衆派亦聚乎此也然據水之順逆論脉之行止但可就其大概而言爾若必謂水於

此界。脉即於此斷。水向左流。脉必不向右行。則不可也。夫龍脉之起伏轉摺。千變而不窮。有從小江小湖崩洪而過者矣。有從大江大河越數十百里不知其踪跡端倪而過者矣。有收本身元辰小水逆行數里而結者矣。有向大幹水逆奔數百里而結者矣。龍之真者。水愈斷而其過脉愈奇。勢愈逆而其骨力愈壯。豈一水之横流。可遏之使斷。牽之使前乎。今玉尺云、順水直衝而逆回結穴、方知體段之真、若逆水直衝而合襟在後、斷是虛花之地、衆水趨歸東北而坤申之氣施生、羣流來向震辰而乾亥之龍毓秀、甲夘成胎、不食。酉辛之氣、午丁生息、豈乘坎癸之靈據此而言。是天下必無逆氷之龍也。豈其然哉。或曰、子所言者山龍也。玉尺所言平壤也。故其言曰、乾源曠野鋪氈細認交襟、極隴平坡月角、詳看住結、山龍有脉可據。故有逆水之穴。平壤無脉可尋。止就流神之去来認氣之行止。豈與山之過脉起伏同年而語乎。子生平專分山水二龍以正告天下。何又執此論也。解之曰、平壤固純以流神辨氣。與山之脉峡不同。至以水之去來為氣之行止。則我不取。我以為酉辛水到則甲卯之胎愈真。坎癸流来則午丁之靈益顯。坤申生氣衆水必無東北之趨。乾亥戌龍群流必無巽辰之向。由此而言。玉尺不但於山龍特行特結之妙茫然未知且於平壤雌雄交媾之機大相背謬至其統論三大幹龍而以為北幹乃崑崙之丑艮出脉而龍皆坤申南幹乃崑崙之辰巽出脉而龍皆乾亥中條乃崑崙之寅甲卯乙出脉而龍皆庚酉辛註者遂實其辭曰北幹無離巽艮震穴中幹無震巽艮穴建康止有南離臨安止有坤兌八閩止有坤申固哉玉尺之言龍也夫舉天下之大勢大抵自兌之震自乾之巽自坤之艮者地勢之從高而下然也至於龍之剝換傳變豈拘一方眞脉性喜逆行天地每多朝祖若執此書順水直衝之說遇上格大地反以為不合理氣而棄之而專取傾瀉

奔流蕩然無氣之地。誤認為真結而葬之。其貽害於人。烏有限量。余故不得已而丁寧反覆以辨之也。

辨貴陰賤陽

易曰立天之道曰陰與陽。惟此二氣。體無不具。用無不包。是二者。不可偏廢。故曰獨陽不生。獨陰不長。是二者未嘗相離。故曰陽根於陰。陰根於陽。舍陽而言陰者。非陰也。舍陰而言陽者。非陽也。聖人作易。必扶陽抑陰者何也。曰。道一而已。故曰乾分而為二而名之曰坤。以兩儀之對待者言。曰陰陽。以一元之渾然者言。惟陽而已。言陽而陰在其中矣。而就人事言。則陽為君子。

陰為小人。內君子外小人為泰。內小人外君子為否。由此言之。陽與陰不可分也。苟其分之。則貴陽賤陰。如聖人之作易可也。若貴陰賤陽。是背乎聖人作易之旨。而亂天地之正道也。玉尺乃以艮巽震兌四卦為陰之旺相而貴之。以乾坤坎離四卦為陽之孤虛而賤之。即以納甲八干十二支。丙納於艮。辛納於巽。庚納於震而亥卯未從之。丁納於兌而巳酉丑從之。十者皆謂之陰而貴。以甲納乾。以乙納坤。以癸納坎而申子辰從之。以壬納離而寅午戌從之。十者皆謂之陽而賤。於是當世之言地理者。不論地之真偽若何。凡見陰龍陰水陰向。則概謂之吉。而見陽龍陽水陽向則槩謂之凶此乖謬之甚者也夫吉凶之理莫著於易易六十四卦各有其吉各有其凶八卦六十四卦之父也豈有四卦純吉四卦純凶之理八卦十二干支亦然吾謂論地止論其是地非地不當論其屬何卦體屬何干支若果龍真穴的水神環抱坐向得宜雖陽亦吉也若龍非真來穴非真結砂飛水背坐向偏斜雖陰亦凶也又拘所謂三吉六秀而以為出於天星考之天官家言紫微垣在中國之壬亥方而太微垣在丙午方天市垣在寅艮方且周天二十八宿分布十二宮皆能為福皆能為災地之二十四干支上應列宿亦猶是也何以

在此為吉在彼為凶此與天星之理全乎不合至謂乾坤為老亢辰戌為魁罡丑未為暗金殺種種悖理夫乾坤為諸卦之父母六子皆其所產何得為凶老嫩之辨在於龍龍之出身嫩即乾坤亦嫩也龍之出身老巽辛兌丁亦老也斗之戴匡為魁斗柄所指為天罡此樞幹四時斟酌元氣造化之大柄也理數家以為天罡所指衆煞潛形何吉如之而反以為凶耶五行皆天地之經緯何獨忌四金且庚酉辛金之最堅剛者也既不害其為吉而獨忌四隅之暗金甚無謂矣諸如此類管郭楊賴從無明文不知妄作流毒天下始作俑者其無後乎我不禁臨文而

三嘆也。

辨龍五行所屬

盈天地間。止有八卦。先天之位。曰乾坤定位。山澤通氣。雷風相薄。水火不相射。八卦。總之。陰陽而已。山陽澤陰雷陽風陰火陽水陰。皆兩儀對待之象。對待之中。化機出焉。所謂玄牝之門。是為天地根。一陰一陽之謂道。八卦者。天地之體。五行者。天地之用。當其為體之時。未可以用言也。故坎雖為水。此先天之水。不可以有形之水言也。離雖為火。此先天之火。不可以有形之火言也。故艮為山。而不可以土言也。兌為澤。而不可以金言也。震巽為風雷。而不可以木言也。故以八卦。屬五行。而論龍之所屬者。皆非也。若論後天方位八卦。而以坎位北而為水。以離位南而為火。以震位東而為木。以兌位西而為金。似矣。四隅皆土也。又何以巽木。乾金。不隨四季。而隨春秋耶。此八卦五行之一謬也。及論二十四龍。則又造為三合之說。復傳會之以雙山。更屬支離牽強。而全無憑據。夫既以東西南北為四正五行。則巳丙丁皆從離而為火。亥壬癸皆從坎而為水。寅甲乙皆從震而為木。申庚辛皆從兌而為金。辰戌丑未皆從四隅而為土。猶之可也。今又以子合申辰而為水。并其隣之坤壬乙亦化為水。以午合寅戌而為火。并其隣之艮丙辛亦化為火。以卯合亥未而為木。并其隣之乾甲丁亦化為木。以酉合巳丑而為金。并其隣之巽庚癸亦化為金。論八卦則卦爻錯亂。論四令則方位顛倒。此三合雙山之再謬也。所謂多歧亡羊。朝令夕改。自相矛盾。不特悖於理義。而亦不通於辭說者矣。又以龍脉之左旋右旋而分五行之陰陽。曰亥龍自甲卯乙丑艮寅壬子癸方來者為陽木龍。亥龍自未坤申庚酉辛戌乾方來者為陰木龍。其餘無不皆然。謬之謬者也。又以龍之所屬而起長生沐浴冠帶臨官帝旺衰病死墓絕胎養。又以龍順逆之陰陽分起長生。曰陽木屬甲。

長生在亥旺於卯墓於未陰木屬乙長生在午旺於寅墓於戌其餘無不皆然舉世若狂以為定理真可哀痛夫五行者陰陽二氣之精華散於萬象周流六虛盈天地之內無處不有五行之氣無物不具五行之體今以龍而言則直者為木圓者為金曲者為水銳者為火方者為土又窮五行之變體而曰貪狼木巨門土祿存土文曲水廉貞火武曲金破軍金左輔土右弼金五行之變盡矣此楊曾諸先覺明目張膽以告後人者也夫此九星五行者或為起祖之星或為傳變之星或為結穴之星或為夾從輔佐之星或兼二或兼三或兼四甚而五星傳變則地

大不可名言。此以見五行者。變化之物。未有單取一行不變以為用者也。今不於龍體求五行之變化。而但執方位論五行之名字。是使天地之生機。不變不化。取其一畫。廢其四矣。又從方位之左右旋分五行之陰陽。是使一氣之流行。左支右絀。得其半。并未全其一矣。試以物產言之。隨地皆生五材。若曰南方火地無大水。北方水地不火食。西方金地不產名材。東方木地不產良金。有是理乎。試以稟性言之。盡人皆具五德。若曰東方之人皆無義。西方之人皆無仁。北方之人皆無禮。南方之人皆無智。有是理乎。且獨不觀四時之流行乎。春風一噓。而萬物皆生。

不特東南生而西北無不盡生秋氣一肅而萬物皆落不特西北落而東南無不盡落是生殺之氣不可以方隅限也又不觀五材之利用乎棟梁之木遇斧斤而成材入冶之金須煅煉而成器大塊非耒耜不能耕耘清泉非爨燎不能飲食道家者流神而明之故有水火交媾金木合并之義以為大丹作用即大易既濟歸妹之象也故曰識得五行顛倒顛便是大羅仙相生者何嘗生相尅者何嘗尅乎今玉尺曰壬癸來自兌庚乃作體全之象坎水迎歸寅卯名為領氣之神金臨火位自焚厥屍木入金鄉依稀絕命火龍畏見兌庚遇北辰而自廢東震愁逢火

劫見西兑而傷魂是山川有至美之精英而以方位廢之也且五行之論生旺墓而亦限之以方位其說起於何人若以天運言則陽升則萬物皆生陰升則萬物皆死無此生彼死此死彼生之分也若以地脉言則有氣則在在皆生無氣則在在皆死無此生彼墓此旺彼衰之界也今龍必欲自生趨旺自旺朝生水必來於生旺去於囚謝砂之高下亦如之皆因誤認來龍之五行所屬於是紛紛不根之論咸從此而起也更有謂龍之生旺墓若不合則有立向消納之法或以坐山起五行或以向上論五行不知山龍平壤皆有一定之穴生成之向豈容拘牽字

義以意推移朝向論五行固為乖謬坐山論五行亦未為得也玉尺又兩可其說曰可合雙山作用法聯珠之妙宜從卦例推求尊納甲之宗又何其首鼠兩端從無定見耶我願世之學地理者山龍止看結體之五星平壤止看水城之五星此乃五行之真者苟精其義雖以步武楊賴亦自不難至於方位五行不特小玄空生尅出入宗廟洪範雙山三合斷不可信即正五行八卦五行亦不可拘此關一破則正見漸開邪說盡息地理之道始有入門嗟乎我安得盡洗世人之肺腸而曉然告之以玄空大卦天元九氣之真訣使黃石青囊之秘昭昭乎若揭日月

而行也哉

辨四大水口

夫四大水口有至理存焉楊公書中未嘗發露惟希夷先生闔闢水法倡明八卦之理而四大水口之義寓於其中此乃黃石公三字青囊所固有楊公特秘而不宣即希夷猶隱而不發也今人不知天元八卦之妙用妄以凡庸淺見測之遂以辰戌丑未為五行墓庫之方輙以三合雙山傳會之曰乙丙交而趨戌辛壬會而聚辰斗牛納丁庚之氣金羊收癸甲之靈嗚呼謬矣以三合五行起長生墓庫之非龍穴上五行左旋為陽右旋為

陰而同歸一庫穿鑿不通之論前篇皆已辨之獨此四大水口原屬外氣之妙用青囊之正訣而亦為此輩牽合錯解以偽亂真余每開卷至此不勝扼腕故又特舉而言之夫圖南先生八大局皆從洛書八卦中來一卦有一卦之水口舉四隅之卦而言則有四兼四正之卦而言其實有八然括其要旨即一水口而諸卦之理已具學者苟明乎此山河大地布滿黃金矣特以天心所秘非人勿傳故不敢筆之於書聊因俗本微露一端任有夙慧者死心自悟若以為陽良龍丙火交於乙墓於戌陰亥龍乙木交於丙亦墓於戌以為天根月窟雌雄交媾玄竅相通

種種癡人說夢總因悞認諸家五行不知卦氣之理以訛傳訛盲修瞎煉吾遍觀古來帝王陵寢以及公卿名墓何嘗有合此四語者若用此四語擇得合格之地總與地理真機無涉其為敗絕亦猶是也所謂勞而無功聞余言者不識能惕然有動於中否

辨陰陽交媾

天地之道不過一陰陽交媾而已天地有一大交媾萬物各有一交媾變變化化施之無窮論其微妙莫可端倪而實有其端倪故曰玄牝之門是為天地根地理之道若確見雌雄交媾之

處則千卷青囊皆可付之祖龍矣斯理甚秘而實在眼前若一指明觸目可覩然斷不從五行生旺墓上討消息也玉尺乃曰有乙辛丁癸之婦配甲庚丙壬之夫又曰陰遇陽必非其類號曰陽差陽見陰而非其耦名曰陰錯仍取必於乙丙之墓戌辛壬之墓辰丁庚之墓丑癸甲之墓未此真三家村學究之見也夫陰陽之交媾自然而然不由勉強亦活潑潑地不拘一方豈可以方位板格死煞排算爭即以天地之交媾者言天氣一降地氣一升而雨澤斯沛矣子能預定天地之交於何方合於何日爭更以男女之交媾者言陽精外施陰血內抱而胎元斯孕

矣子能預擬胎孕之何法而成何時而結乎知天地男女之不可以矯揉造作則知地理之所謂天根月窟亦猶是矣此惟楊公都天寶照經言之鑿鑿不啻金針暗度余因辨玉尺之謬而偶洩於此具神識者精思而冥悟之或有鬼神之告也

辨砂水吉凶

今之地理家分龍穴砂水為四事或云龍雖好穴不好或云龍穴雖好砂水不好何異癡人說夢古之真知地理者只有尋龍定穴之法無尋砂尋水之法正以雖有四者之名而其實一而已矣穴者龍之所結水者龍之所源砂者龍之所衛故有是龍

則有○是○穴有○是○穴則有○是○砂○水○未有○龍○穴○不○眞○而○砂○水○合○格○者○也○亦○未○有○龍○眞○穴○的○而○砂○水○不○稱○者○也○玉尺反曰龍穴之善惡從水猶女人之貴賤從夫穴雖凶而水吉尚集諸祥是以本為末○顛倒甚矣○且其所謂吉凶者○只取四生三合雙山五行論去來之吉凶○而以來從生旺去從墓絕者為吉○反此者為凶○既屬可笑○又以砂水之在淨陰方位者為吉○在淨陽方位者為凶○尤為拘泥○夫水○（一○語○道○破○混○沌○之○竅○鑿○矣○）之吉凶只辨天元衰旺之氣○砂者借賓伴主○只要朝拱環抱○其形尖圓平正秀麗端莊○皆為吉○曜若斜飛反去○破碎醜拙○則為凶殺○或題之曰文筆曰誥軸曰御屏曰玉几曰龍

樓曰鳳閣曰仙橋曰旗幟曰雉甲屯兵曰烟花粉黛諸般名色皆以象取之類應之而不可拘執亦須所穴者果是眞龍胎息精靈翕聚而後一望臚列皆其珍膳爾假如一山數塚同見貴砂而一塚獨發其餘皆否豈非貴之與賤在龍穴而不關於砂乎況四神八國竝起星峯皆堪獻秀何必淨陰之位則吉淨陽之位則凶龍穴無陰貴陽賤之分砂水豈又有陰貴陽賤之分耶其云文筆在坤申為詞訟旌旂見子午為刼賊高峯出南離恐驚回祿印星當日馬必遭聾疾乾戌為鼓盆之煞坤流為寡宿之星寅甲水瘋疾纏身乙辰水投河自縊又云未離胎而夭

折多因衝破胎神纔出世而身亡蓋爲孼傷生氣四敗傷生雖有子而母明父暗旺神投浴恐居官而淫亂堪羞諸如此類不可枚舉立辭愈巧其理愈虛一謬百謬難以悉辨總其大旨曰廢五行生旺之說破陰陽貴賤之名可以論龍穴即可以論砂水矣我於是書取其四語曰本主輿隆殺曜化爲文曜龍身微賤牙刀化作屠刀此則沙中之金石中之玉也采葑采菲無以下體故特舉而存之

辨八煞黃泉祿馬水法

水法中有祿上御堦馬上御堦其說鄙俚不經而最能使俗人

艷慕。又有黃泉八煞二種禁忌。使人望而畏之。若探湯然。我以為其說皆妄也。夫祿馬貴人起例。見於六壬。在易課中已屬借用。與地理祿命皆無干涉。世人學術無本。一見干支。便加祿馬。推命家用之。地理家亦用之。東那西借。以張之子孫。繼李之宗祖。血脉不通。鬼神不享。此在楊曾以前。從不見於經傳。後之俗子。妄皆添設。不辨自明。夫地理之正傳。止以星體為巒頭。卦爻為理氣。舍此二者。一切說玄說妙。且無所用之。況其鄙俗之甚者乎。其所稱馬貴者。亦有之矣。曰貴人。曰天馬。此皆取星峯而為名。不在方位也。水之御堦。亦以形言。非以方言。至於八煞黃泉。尤無根據。全然揑造。更與借用者不同。夫天地一元之氣。周流六虛。八卦方位。先天後天。互為根源。環相交合。相濟為用。得其氣運則皆生。違其氣運則皆死。但當推求卦氣之興衰。以為趨避耳。從無此卦忌見彼卦。此爻忌見彼爻之理。若失氣運。則巽見辛。艮見丙。兌見丁。坤見乙。坎見癸。離見壬。震見庚。乾見甲。本宮納甲正配。尚足以與妖發禍。若得氣運。則坎龍坤兔震猴巽雞乾馬兌蛇艮虎離猪。而卦氣無傷。諸祥自致。我謂推求理氣者。須知有氣運隨時之眞殺。實無卦爻配合之煞。曜今眞煞之刻期剋應。剝膚切骨者不知避。而拘拘忌八曜之假煞。亦可

悲矣黃泉即四大水口而强增名色者也故又曰四個黃泉能
殺人辰戌丑未為破軍四個黃泉能救人辰戌丑未是巨門故
又文飾其名曰救貧黃泉夫既重九星大玄空水法則不當又
論黃泉矣何其自相矛盾一至於此或又高人心知其誣而患
無以解世人之惑故別立名色巧為寬譬耶未可知也其實則
單論三吉水可矣不必論黃泉也且黃泉所忌於彼所言淨陰
淨陽三合生旺墓水法皆不盡合若論陰陽則乙忌巽是矣而
丙則同為純陰庚丁忌坤甲癸忌艮辛忌乾是矣而壬則同為
純陽何以亦忌此於淨陰淨陽自相矛盾也若論三合五行則

家秘本

乙水向見巽。丁木向見坤。辛火向見乾。癸金向見艮。同為墓絕方。忌之是矣。丙火向見巽。庚金向見坤。壬水向見乾。甲木向見艮。皆臨官方也。何以亦忌。此於三合雙山自相矛盾也。我即彼之謬者。而以證其謬中之謬。雖有蘇張之舌。亦無辭以復我矣。玉尺遂飾其說曰。八煞黃泉雖云惡曜。若在生方。倒難同斷。此真掩耳盜鈴之術。既云惡曜矣。又焉得云生方。既云生方矣。又焉得稱惡曜。孰知惡曜固不真。而生方亦皆假也。或者又為之辭曰。黃泉忌水去而不忌來。或又曰忌水來而不忌去。總屬支離。茫無一實。我謂運氣乘旺。雖黃泉而但見其福。運氣當衰。雖非。黃。泉。而。立。見。其。禍。苟知其要。不辨自明。而我偲偲然論之不置者。以世人迷惑已久。如墮深坑。無力自脫。多方曉譬。庶以云救也。嗚呼。當世亦有見余此心者耶。

辨分房公位

夫葬者。所以安親魄也。親魄安。則衆子皆安。親魄不安。則衆子皆不安。今之世家巨族。往往累年不葬。甚之遲之又久。終無葬期。一則悞於以擇地為難。再則悞於拘分房之說。一子之家猶可。子孫愈多。爭執愈甚。遂有挾私見以隄防。用權謀以自便者矣。有時得一吉地。惑於旁人之言。以為不利於己而阻之者。阻之不已。竟葬凶地。同歸於盡。亦可哀哉。原其故。皆地理書公位之說。為之禍根。使人滅倫理。喪良心。無所不極其至也。豈知葬地如樹木。根荄得氣。則衆枝皆榮。根荄先撥。則衆枝皆萎。亦有一枝榮一枝萎者。外物傷殘之耳。葬親者但論其地之吉凶。斷不可執房分之私見。吾觀歷來名宗巨室。往往同一祖地。各房均發者甚多。亦有獨發一房。或獨絕一房者。此有天焉。不可以人之智巧爭也。或問曰。然則公位之說全謬歟。又何以有獨發獨絕者耶。曰是固有之。而非世人之所知也。其說在易曰。震為長男。坎為中男。艮為少男。巽為長女。離為中女。兌為少女。孟仲季之分房由此而起也。然。其。中有通。變。之機。非。屬。此。卦。即。應。此。子。應。此。女。之。謂。也。玉尺乃云胎養生沐屬長子、冠臨旺衰屬仲子、病死墓絶屬季子、即就彼之言以折之。生則諸子皆生矣。旺則諸子皆旺矣。死絶則諸子皆死絶矣。何為以此屬長。以此屬仲。以此屬季。曰亦以其漸耳。折之曰。以為始於胎養。繼而之旺。既而死絶。似矣。若有四子以往。則又當何如耶。其轉而歸於生旺耶。抑另設何名以應之耶。此不足據之甚者也。世人愼勿惑於其說也。

總論後

蔣子作玉尺辨偽既成或問曰子於是書訛謬辨之則既詳矣子謂吉凶之理存乎地而非方位之所得而限也然則八干四維十二支舉無有吉凶之當論乎曰何為其然也我正謂八干四維十二支皆分屬乎卦氣夫卦氣吉凶之有辨益灼灼矣而特非淨陽淨陰雙山三合生旺墓之云云也若乃青囊正理方位之辨實有之其秘者不敢宣洩姑就玉尺之文以槩舉之玉尺所畏者曰乙辰曰寅甲而以青囊言之乙之與辰寅之與甲相去不啻千萬里也有時此吉而彼凶有時此凶而彼吉者矣所最羨者曰巽巳丙而以青囊言之巽巳之與丙相去亦不啻

千。萬里。也。有。時。此。吉。而。彼。凶。有。時。此。凶。而。彼。吉。者。矣。所最欲分別而不使之混者。曰丙午丁。曰乾亥。曰甲卯乙。曰巽辰。曰丑艮寅。而以青囊言之。午之與丙丁。亥之與乾。卯之與甲乙。巽之與辰。丑寅之與艮。所。爭。不。過。尺。寸。之。間。而。已。有。時。而。吉。則。必。與。之。俱。吉。有。時。而。凶。則。必。與。之。俱。凶。矣。今乃於其當辨而不可不辨者。如黃精之與鉤吻。附子之與烏頭。一悞用之而足以入口傷生者。反置之不辨。於其易辨而可以不辨者。如白粱之與黑秬。異色而皆可以養人。堇之與鴆。異類而皆可以殺人者。肩肩焉惷舉而辨之。彼自以為智。而乃天下之大愚也。且生旺死絕之說青囊未嘗不重之故葬書曰葬者乘生氣也卦氣之所謂生非三合五行之所謂生卦氣之所謂旺非三合五行之所謂旺卦氣之所謂死絕非三合五行之所謂死絕且地氣之大生旺不知趨而區區誤認一干一支之假生旺而求迎之地氣之大死絕不知避而區區誤認一干一支之假死絕而思避之悲夫所謂雀以一葉障目而謂彈者之不我見也以此為已適以害己以此為人適以害人而已故夫玉尺之於地理猶鄭聲之於雅樂楊墨之於仁義一是一非勢不兩立實有關於世道之盛衰天地之氣數竊聞嘉靖以前其書未嘗大顯至萬厤時有徐

之鎮者。為之增釋圖局而梓行之。於是江湖行術之徒。莫不手握一編。以求食於世。至今日而惑於其說者且徧天下也。悖陰陽之正。干天地之和。與傲擾五行。怠棄三正者。同其禍患。有聖人者出而誅非聖之書。於陰陽一家。必此書為之首。嗚呼。此書不破。世道何由而息。水火生民何由而躋仁壽哉。我拭目望之矣。

家秘本

平砂玉尺辨偽總括歌

會稽姜垚汝皐氏撰

萬卷堪輿總失真。平砂玉尺最堪嗔。二劉名姓憑伊冒。豈有當年手澤存。開國伯溫成佐命。嘗將妙訣定乾坤。晚年一篋青囊秘。盡作天家石室珍。天寶不容人漏泄。忍將隱禍中兒孫。片言隻字無留影。肯借他人齒頰名。秉忠亦是元勳列。敢冒嫌疑著此經。世上江湖行乞者。只貪膚淺好施行。戶誦家傳如至寶。與災釀禍害生民。幸遇我師垂憫救。苦心辨駁著斯文。竊恐愚夫迷不悟。括成俚句好歌吟。願君細察歌中意。莫枉中陽一片心。

天下山山多順水。此是行龍之大體。真龍發足不隨他。定是轉關星特起。特起之龍變化多。渡水逆行不計里。玉尺開章說順龍。順水直衝為大旨。水來甲卯乙不收。水來午丁坎不取。必要隨流到合襟。直瀉直奔為漏髓。全無真息蔭龍胎。山穴平陽皆失軌。勸君莫聽此胡言。悞向順流探脉理。八方位位有真龍。交象干支總一同。山脉陰陽分兩界。此是天然造化工。陽脉出身陽到底。陰脉出身陰為宗。從無偽來并偽落。豈有貴賤分雌雄。若是真胎成骨相。乾坤辰戌也崢嶸。若是空亡無氣脉。巽辛亥艮盡招凶。品水評砂原一例。三吉六秀有何功。勸君莫聽此胡言。旺相孤虛理不通。五行相生與相尅。此是後天粗礪質。山川

家秘本

妙氣本先天。生不須生尅非尅。木行金地反成材。火入水鄉眞配匹。南離爐冶出眞金。陰陽妙處全須逆。原說五行顛倒顛。庸庸之輩何能識。先天理氣在卦爻。生旺休囚此中出。量山步水總一般。立向收砂非二格。安有長生及官旺。全無墓庫與死絕。卦若旺時路路通。卦若衰時路路塞。有人識得卦興衰。眼前盡是黃金陌。納甲本是卦中玄。用他配合皆非的。堪笑三合及雙山。玄空生出并尅出。更有祿馬及赦文。咸池黃泉八曜煞。庸奴只把掌中輪。誤盡天涯聰慧客。勸君莫聽此胡言。五行更覓眞消息。雌雄交媾大陰陽。月窟天根卦內藏。此是乾坤造化本。會時

家秘本

便歸法中王楊公說箇團團轉一左一右兩分張明明指出夫和婦有箇單時便是雙二十四山雙雙起八卦之中定短長豈料庸奴多錯解干支字面去商量誤起長生分兩局會同墓庫到其行未曾曉得真交媾那裏懷胎喚父孃我即汝言來教汝陰陽指氣不指方甲庚丙壬是陽位有時占陰不喚陽乙辛丁癸是陰位有時占陽即喚陽陰陽亦在干支上不用排來死煞方眼前夫婦不識得却將寡婦守空房勸君莫聽此胡言玄竅相通別主張四大水口歸其位此是卦之真匹配如何說到墓庫方左旋右旋來傳會四水四卦逐元輪一元一卦乘旺氣周

和盤托出洩漏天机

流八卦逐時新會者楊公再出世○今將墓合作歸源○失運失元迎殺氣○勸君莫聽此胡言○陽差陰錯非斯義○公位亦自卦中來○少長中男各有胎○不論干支并龍脉○如何亦取三合推○胎養生沐乃云長○仲子冠臨及旺衰○少子病死并墓絕○若然多子作何排○世人信此爭房分○傳喪不葬冷為灰○更起陰謀相賊害○傷倫蔑理召天災○陷人不孝并不睦○此卷偽書作禍胎○我願今人只求地○得地安親大本培○親安衆子皆蒙慶○休把房分去亂猜○試看閥閱諸名墓○一祖枝枝產衆材○分房葢為分陽宅○莫論偏苛到夜臺○平砂一卷何人作○注解翩翩尤醜惡○添圖添局死規模○

强把山川牢束縛。從讓失却布衣宗之鏌直是追魂鏊。嘉隆以

上無此書。萬麻中年方撮搦從此家家無好墳。迄今遍城地成蕭

索。焉得將書付祖龍。免使蒼生遭毒藥。

占筮類			
1	擲地金聲搜精秘訣	心一堂編	沈氏研易樓藏稀見易占秘鈔本
2	卜易拆字秘傳百日通	心一堂編	
3	易占陽宅六十四卦秘斷	心一堂編	火珠林占陽宅風水秘鈔本
星命類			
4	斗數宣微	【民國】王裁珊	民初最重要斗數著述之一；未刪改本
5	斗數觀測錄	【民國】王裁珊	失傳民初斗數重要著作
6	《地星會源》《斗數綱要》合刊	心一堂編	失傳的第三種飛星斗數
7	《斗數秘鈔》《紫微斗數之捷徑》合刊	心一堂編	珍稀「紫微斗數」舊鈔秘本
8	斗數演例	心一堂編	
9	紫微斗數全書（清初刻原本）	題【宋】陳希夷	斗數全書本來面目；有別於錯誤極多的坊本
10-12	鐵板神數（清刻足本）——附秘鈔密碼表	題【宋】邵雍	無錯漏原版 秘鈔密碼表 首次公開！
13-15	蠢子數纏度	題【宋】邵雍	蠢子數連密碼表 打破數百年秘傳 首次公開！
16-19	皇極數	題【宋】邵雍	清鈔孤本附起例及完整密碼表 研究神數必讀！
20-21	邵夫子先天神數	題【宋】邵雍	附手鈔密碼表 研究神數必讀！
22	八刻分經定數（密碼表）	題【宋】邵雍	皇極數另一版本；附手鈔密碼表
23	新命理探原	【民國】袁樹珊	子平命理必讀教科書！
24-25	袁氏命譜	【民國】袁樹珊	
26	韋氏命學講義	【民國】韋千里	民初二大命理家南袁北韋
27	千里命稿	【民國】韋千里	
28	精選命理約言	【民國】韋千里	北韋之命理經典
29	滴天髓闡微——附李雨田命理初學捷徑	【民國】袁樹珊、李雨田	命理經典未刪改足本
30	段氏白話命學綱要	【民國】段方	民初命理經典最淺白易懂
31	命理用神精華	【民國】王心田	學命理者之寶鏡

編號	書名	作者	備註
32	命學探驪集	【民國】張巢雲	發前人所未發 稀見民初子平命理著作
33	澹園命談	【民國】高澹園	
34	算命一讀通——鴻福齊天	【民國】不空居士、覺先居士合纂	
35	子平玄理	【民國】施惕君	
36	星命風水秘傳百日通	心一堂編	
37	命理大四字金前定	題【晉】鬼谷子王詡	源自元代算命術
38	命理斷語義理源深	心一堂編	稀見清代批命斷語及活套
39-40	文武星案	【明】陸位	失傳四百年《張果星宗》姊妹篇 千多星盤命例　研究命學必備
相術類			
41	新相人學講義	【民國】楊叔和	失傳民初白話文相術書
42	手相學淺說	【民國】黃龍	民初中西結合手相學經典
43	大清相法	心一堂編	重現失傳經典相書
44	相法易知	心一堂編	
45	相法秘傳百日通	心一堂編	
堪輿類			
46	靈城精義箋	【清】沈竹礽	沈氏玄空遺珍 玄空風水必讀
47	地理辨正抉要	【清】沈竹礽	
48	《玄空古義四種通釋》《地理疑義答問》合刊	沈瓞民	
49	《沈氏玄空吹虀室雜存》《玄空捷訣》合刊	【民國】申聽禪	
50	漢鏡齋堪輿小識	【民國】查國珍、沈瓞民	
51	堪輿一覽	【清】孫竹田	失傳已久的無常派玄空經典
52	章仲山挨星秘訣（修定版）	【清】章仲山	章仲山無常派玄空珍秘 門內秘本首次公開 沈竹礽等大師尋覓一生末得之珍本！
53	臨穴指南	【清】章仲山	
54	章仲山宅案附無常派玄空秘要	心一堂編	
55	地理辨正補	【清】朱小鶴	玄空六派蘇州派代表作
56	陽宅覺元氏新書	【清】元祝垚	簡易・有效・神驗之玄空陽宅法
57	地學鐵骨秘　附　吳師青藏命理大易數	【民國】吳師青	釋玄空廣東派地學之秘
58-61	四秘全書十二種（清刻原本）	【清】尹一勺	玄空湘楚派經典本來面目 有別於錯誤極多的坊本

62	地理辨正補註　附　元空秘旨　天元五歌　玄空精髓　心法秘訣等數種合刊	【民國】胡仲言	貫通易理、巒頭、三元、三合、天星、中醫
63	地理辨正自解	【清】李思白	公開玄空家「分率尺、工部尺、量天尺」之秘
64	許氏地理辨正釋義	【民國】許錦灝	民國易學名家黃元炳力薦
65	地理辨正天玉經內傳要訣圖解	【清】程懷榮	秘訣一語道破，圖文并茂
66	謝氏地理書	【民國】謝復	玄空體用兼備、深入淺出
67	論山水元運易理斷驗、三元氣運說附紫白訣等五種合刊	【宋】吳景鸞等	失傳古本《玄空秘旨》《紫白訣》
68	星卦奧義圖訣	【清】施安仁	
69	三元地學秘傳	【清】何文源	
70	三元玄空挨星四十八局圖說	心一堂編	三元玄空門內秘笈　清鈔孤本
71	三元挨星秘訣仙傳	心一堂編	過去均為必須守秘不能公開秘密
72	三元地理正傳	心一堂編	
73	三元天心正運	心一堂編	與今天流行飛星法不同
74	元空紫白陽宅秘旨	心一堂編	
75	玄空挨星秘圖　附　堪輿指迷	心一堂編	
76	姚氏地理辨正圖說　附　地理九星并挨星真訣全圖　秘傳河圖精義等數種合刊	【清】姚文田等	
77	元空法鑑批點本——附　法鑑口授訣要、秘傳玄空三鑑奧義匯鈔　合刊	【清】曾懷玉等	蓮池心法　玄空六法
78	元空法鑑心法	【清】曾懷玉等	門內秘鈔本首次公開
79	曾懷玉增批蔣徒傳天玉經補註【新修訂版原（彩）色本】	【清】項木林、曾懷玉	
80	地理學新義	【民國】俞仁宇撰	
81	地理辨正揭隱（足本）　附連城派秘鈔口訣	【民國】王邈達	
82	趙連城傳地理秘訣附雪庵和尚字字金	【明】趙連城	揭開連城派風水之秘
83	趙連城秘傳楊公地理真訣	【明】趙連城	
84	地理法門全書	仗溪子、芝罘子	巒頭風水，內容簡核、深入淺出
85	地理方外別傳	【清】熙齋上人	巒頭形勢、「望氣」「鑑神」
86	地理輯要	【清】余鵬	集地理經典之精要
87	地理秘珍	【清】錫九氏	巒頭、三合天星，圖文並茂
88	《羅經舉要》附《附三合天機秘訣》	【清】賈長吉	清鈔孤本羅經、三合訣法圖解
89-90	嚴陵張九儀增釋地理琢玉斧巒	【清】張九儀	清初三合風水名家張九儀經典清刻原本！